中島 三千男

若者は無限の可能性を持つ

学長から学生へのメッセージ　2007—2012年度

●目　次●

はじめに　3

1　「私のコンプレックス」
　　――20歳前後という特別な時期　(2007年4月 入学式式辞)　5

2　「オーイ水道屋」、「コラァ設備屋」
　　――天職として一隅を照らす　(2008年3月 卒業式式辞)　10

3　一番して欲しくない失敗（ミス）
　　――レオン・グレオ・サントスの記念碑　(2008年4月 入学式式辞)　15

4　横浜開港150周年
　　――「果てなく栄えて行くらん……」　(2009年3月 卒業式式辞)　20

5　米田吉盛先生と小柴昌俊先生
　　――無限の可能性を持って　(2009年4月 入学式式辞)　25

6　セブン・サミッツ完登
　　――夢と希望を持って進むこと　(2010年3月 卒業式式辞)　30

7　「碎啄同時」
　　――殻を破る共同作業　(2010年4月 入学式式辞)　36

8　新しい価値観の創出を
　　――東日本大震災のなかで　(2011年3月 卒業生に贈る言葉)　41

9　若者は無限の可能性を持つ
　　――「人間力」の育成を　(2011年4月 新入生の皆さんへ)　47

10　応援指導部の箱根駅伝
　　――他者への共感を　(2012年3月 卒業式式辞)　54

11　Oさんのこと
　　――「3・11」から1年　(2012年4月 入学式式辞)　61

12　尖閣・竹島・北方領土
　　――世界の諸国民との友好を　(2013年3月 卒業式式辞)　68

おわりに　76

若者のもつ可能性の水脈
　　――編集にたずさわって　小林孝吉　80

御茶の水書房

はじめに

　本書は筆者が2007年4月から2013年3月までの6年間、学長を務めていた時の、4月の入学式、3月の卒業式の式辞を収録したものである。

　ただし、2011年3月11日に起きた、東日本大震災および東京電力福島第一原子力発電所の事故に伴う諸般の事情により、その年の3月の2010年度卒業式、4月の2011年度入学式は中止せざるを得なかった。このため、式辞に代えて、本学のホームページ上に載せた、「卒業生に贈る言葉」、「新入生の皆さんへ」を収録した。

　この2編を含めて、6年間の入学式、卒業式、合わせて12編の式辞であるが、式辞の題材、素材はそれぞれ異なっていても、この12編の式辞に一貫して流れているのは、本書の表題にとった、20歳前後の「若者は無限の可能性を持つ」というメッセージである。

　私は学長に就任して以来、創立者米田吉盛先生の生涯や建学の精神「質実剛健」、「積極進取」、「中正堅実」などを基に、学生に対して、あらゆる場で「高校時代の実力、成績で自分を見限らないでください」、「高校時代の実力・成績が皆さんの生涯を左右するのではなく、大学に入ってからの4年間の過ごし方が皆さんの生涯を左右するのだ」、「大学4年間の教職員の情熱的な教育力と学生の皆さん一人一人の努力がうまく噛み合ったとき、スパーク・火花を散らしたとき、皆さん自身が思ってもいなかった才能や能力や世界が花開く可能性がある」、すなわち「20歳前後の若者は無限の可能性を持つ」という事を繰り返し繰り返し語ってきた（このことは、近年本学の広報部が打ち

出している本学のコンセプト、「約束します、成長力──成長支援第一主義──」と重なるものである）。

　力点の置き方はそれぞれ異なっていても、つまるところ、本書に収録した12編の式辞のメッセージはこのことである。したがって、12編の式辞は時系列に並べているが、今回収録するにあたって、それぞれ表題・副題を付けたので、それを見て、興味・関心のあるところから、また式辞としての定型的な文章は飛ばして、式辞に収められている、一つないし二つの表題・副題に関する逸話の部分だけ読んでいただいても結構である。

　本書が学生諸君の、とりわけ新入生諸君の充実した学生生活を送る一助になれば、また在校生の父母、卒業生の皆さんには本学の教育方針の一端を知る一助になれば幸いである。

Chapter 1
「私のコンプレックス」
——20歳前後という特別な時期

2007年4月 入学式 式辞

　神奈川大学に入学された皆さん、また、神奈川大学大学院に入学された皆さん、ご入学おめでとうございます。私は神奈川大学の全ての教職員を代表して、新入生の皆さんを心から歓迎いたします。また、今日ここにご列席いただきました、ご家族の皆様にも、心からのお慶びを申し上げる次第です。

　式典に先立ち映像でご覧になったように、本学は1928年、米田吉盛先生によって横浜学院として創立されました。本学が創立された1920年代の後半は、日本がいわゆる5大国の一つとして、政治的にも経済的にも大きく飛躍した時期でしたが、他方では、金融恐慌そして世界恐慌と経済的混乱が続いた時代でもありました。またいわゆる「大正デモクラシー」を背景に、政治的には政党政治が発展する一方、満州事変以降の軍国主義思想も芽生えるという、思想文化的にも大変混迷を極めた時代でした。こういう時代に米田先生は、「質実剛健・積極進取」を建学の精神として、一方では良き伝統を生成発展させると共に、他方で新たなる創造開発を積極的に行う人材の育成に乗り出したのでした。

　本学は、創立の翌年、専門学校令により横浜専門学校となりました。戦前の専門学校は大学と並ぶ日本の高等教育機関でしたが、第2次世界大戦後の学制改革の際に新制大学に移行して、現在の神奈川大学となりました。横浜専門学校は創立当初は法学、商学系の2学科だけで

したが、後に、工学系3学科を増設して、旧制の専門学校としては珍しい文系・理系双方を有する総合専門学校となりました。意外に思われるかも知れませんが、当時横浜には大学は一つもなく、いくつかの専門学校があるだけでしたが、いずれも商業あるいは工業などに関する単科の専門学校にすぎませんでした。本学は戦前の、旧制専門学校の時代から単独で総合大学となる基盤をもっていたのです。

　本学は、1949年に神奈川大学になってからも発展を続け、現在、昨年度（2006年度）新設した人間科学部、外国語学部に増設した国際文化交流学科、理学部に新設した総合理学プログラムを含め、皆さんがそれぞれ入学された7学部18学科1プログラムを擁する総合大学となっています。

　本学の教育面における成果は、卒業生の各方面における活躍に見られる通りです。例えば、横浜専門学校、神奈川大学を通じて卒業生は17万余人に上っていますが、東洋経済新報社が毎年行う調査によりますと、上場企業や店頭企業の社長の数、役員数は全私立大学の中でいずれも15位前後、国公立を含めました全大学で見ましても30位前後と、昭和前半期に創立された大学としてはトップレベルにあるのも、その現われの一つであります。

　また、本学は、このような教育活動とともに、研究組織として、大学院の8研究科14専攻と7つの研究所・一つのセンターを有して活発な研究活動を行っています。その成果は、例えば、日本常民文化研究所と大学院歴史民俗資料学研究科・外国語学研究科中国言語文化専攻を中心とした「人類文化研究のための非文字資料の体系化」という研究プロジェクトが、「21世紀COEプログラム」――文部科学省が「世界最高水準の研究教育拠点」を形成するために選定した国家的事業――に採択されたことなどに現れています。

さらに、研究成果を社会へ還元する活動も積極的に行っています。例えば、工学部化学教室の田島和夫教授を中心とする研究プロジェクト「スーパー・エマルション燃料の開発」は地球環境に貢献する「夢の燃料」を実現するものとして、多くの新聞・テレビでも報道されました。
　このように、神奈川大学は「学生の教育」、「研究の深化」、「社会貢献」という21世紀の高等教育機関・大学が求められる使命を不断の努力によって果たそうとしています。
　神奈川大学は来年、創立80周年を迎えます。これから神奈川大学の学生、大学院生としての生活を始めるにあたり、皆さんの背後には、この80年という歴史があるということ、17万余の卒業生がいるということを片時も忘れないで、誇りある学生生活を送っていただきたいと思います。

　さて、最後に皆さんに一つの話をさせていただきます。私はある時、1年に一度送られてくる私の出身大学の同窓会誌を手にしていました。ふだんは余りこの手のものは読まない私でしたが、パラパラと頁を捲っておりましたら、私の目に、「私のコンプレックス」という表題が飛び込んできました。それを書かれた先生は私の専門分野ではありませんでしたが、その分野では世界的にも著名な先生だと学生時代、噂されていた先生でした。そんな先生がコンプレックスなどとは、どういうことだろうと、思わず読んでしまったのです。それはこういう話しでした。

　その先生は、1943（昭和18）年の学徒出陣で出征した、つまり戦争に出かけた先生です。1943年といいますと、日本史を勉強された方は知っていると思いますが、41年に始まったアジア太平洋戦争ですが、真珠湾の奇襲攻撃で一気に戦線を拡大した日本も、翌年のミッドウエーでの海戦を転機に、戦略的後退をはじめます。太平洋の島々が次々

に落とされ、兵力も底をついてきました。こういう中で兵力の不足を補う為に、外では当時植民地にあった台湾人や朝鮮人を兵士として徴兵する事が始まりますが、国内においては、これまで国の指導者になるべき人として温存され優遇されて、徴兵を猶予されていた大学や専門学校の学生たちの動員がはじまります。神奈川大学の前身である横浜専門学校の学生も学徒出陣で戦地に赴き、多くの命が失われました。

　しかし、この先生は幸いにして、また日本の敗戦という事もあって、出征して4年後、日本に帰って来ます。そうして、再び大学に戻って猛勉強をしました。しかしその先生は、一世代前の先輩、すなわち学徒出陣という経験をしなかった、20歳前後の時期をずっと大学で勉強する事ができた先輩たちにはとうとう追いつく事が出来なかったというのです。つまり20歳前後の数年間、自分が大学で勉強に打ち込むことの出来なかった事が、その先生にとってはずっとコンプレックスとなっていたという話です。

　この話は、皆さん方が大学生として、また大学院生としてこれから過ごすであろう時間がどんなに大切な時間であるかという事を物語っているように思います。これからの皆さんが過ごす1年1年は、他の時代の2倍も3倍も、4倍も5倍も価値のある時間だということです。20歳前後、20歳代の1年1年は、それを後で取り戻そうとしてもなかなか難しい、それほど貴重な1年1年であるということです。

　また、この話はもう一つ、別のことを物語っているように思います。それは、今日、ここにおられる皆さんの中には、入学の喜びを感じながらも心のどこかで、「自分はこの程度の人間かな」、「それなりに頑張ったけれどもまあまあこの程度かな」、と思っている方がおられるかもしれません。その方々に申し上げたいと思います。まだ、その見極めは早いという事です。今述べたように、これから、大学に入って

から、皆さんの一生にとって最も大事な時が始まる、スタートするのです。終わったわけでは断じてありません。この大学生活、大学院生活の中での皆さんの努力と、そして良き指導者、教職員との出会いによって、今の皆さんには想像も出来ない、大きな世界が開かれる、今の皆さんには想像も出来ない、能力・才能が開花する可能性が十二分にあるということです。

　神奈川大学の全教職員はこのような立場にたって、皆さんの大学生としての、また大学院生としての学びに対して、全力をあげて支援するつもりです。
　皆様方の奮闘、頑張りを心より願って式辞といたします。

2007年4月3日

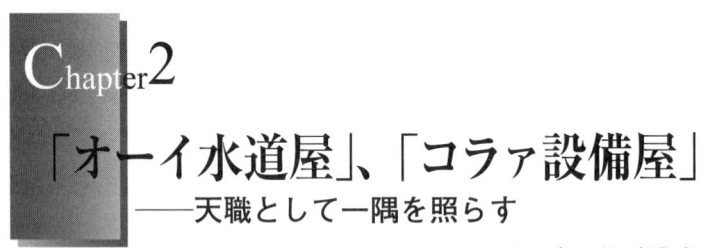

Chapter 2
「オーイ水道屋」、「コラァ設備屋」
──天職として一隅を照らす

2008年3月 卒業式 式辞

　皆さん、本日は誠におめでとうございます。
　ただいま、各学部を卒業した皆さんには学士、大学院博士前期課程を修了した皆さんには修士、博士後期課程を修了した皆さんには博士の学位がそれぞれ授与されました。さらに専門職学位課程（法科大学院）を修了し法務博士の学位を授与された方もおられます。また、大学院の課程終了とは別に、本学大学院に論文を提出して博士の学位を授与された方もおられます。私は、皆さん方がこうした学位を取得され、本日、ここに晴れて卒業式・学位授与式を迎えられました事に対して、心よりお慶び申し上げます。

　また、本日は、長年にわたり皆さんを見守り、育ててこられましたご家族の皆様にも大勢ご列席いただいております。親にとって子の喜び、晴れ姿を見ることが出来ること、これにまさる喜びはございません。皆様のお喜びもさぞやと推察いたします。私は神奈川大学の全ての教職員を代表して、ご家族の皆様にも心よりお祝い申し上げます。

　さて、皆さんは、明日から本学を巣立ち、社会人としての歩みを始めるわけですが、そのスタートにあたりいささか餞（はなむけ）の言葉を贈らせていただきます。
　皆さんは本学の卒業生団体である宮陵会※というのはご存知だと思います。今日も先ほど壇上のご来賓の紹介がありましたように、その会長の狩野七郎さまのご臨席をいただいております。本学の卒業生団

Chapter 2 『オーイ水道屋』、『コラァ設備屋』

体である宮陵会の会員数は、本学の前身である戦前の横浜専門学校時代の卒業生の数を含めて17万余にものぼっています。この、卒業生数17万余人という数は、日本の大学、国公私立併せて約700余校ですが、その中で、何と17番目という輝かしい位置を占めております。皆様も明日からこの輝かしい地位を占める、宮陵会の会員ということになります。

　さて、宮陵会は各都道府県に支部を置いておりますが、昨年秋、私はたまたま宮陵会の和歌山支部の新聞・『神和会』、神大の「神」と和歌山の「和」を取ったのでしょう、『神和会』と名付けられた新聞の第16号を読む機会がございました。その2面に1967(昭和42)年に経済学部を卒業された坂東利仁さんという卒業生の「〈たかが設備屋〉〈されど設備屋〉」という文章があり、私はそれに引き付けられました。坂東さんは卒業してすぐ故郷に帰り、お父さんの管工事業に従事され、現在は従業員数30数名の会社の3代目社長を務めておられます。

　話は次のようなものです。まず、「〈オーイ水道屋〉〈コラァ設備屋〉と工事現場で他職種の職人連中や監督たちから怒鳴られているのが我が従業員の常日頃である。〈水道屋〉より〈設備屋〉と呼んでもらう方が呼ばれる側の立場としてはプライドが傷つかないのであるが、本来の名称は建設業法では〈管工事業〉という立派な名前をいただいております」、と工事現場で「オーイ水道屋」「コラァ設備屋」と呼び捨てにされ、怒鳴られている日常を紹介しています。続けて、「しかし皆さん想像してください。10年前の神戸大地震、先日の新潟地震において、地中埋設の上水道管や下水道管はずたずたに切断され、新潟に関しては復旧のメドさえ立ってない状況です」と書かれています。

　この新聞は昨年2007年9月1日に発行されたものですが、ご承知のとおり、昨年7月16日に新潟県中越沖地震が起き、大きな被害が出ま

した。この地震におけるインフラ関係の復旧において、1番遅れたのが水道の復旧でした。坂東さんは次のように続けます。「満足な日常生活に何が支障を来たしてくるかお分かりだと思います……トイレは水が出ない……汗をかいてもお風呂にも入れない……他にも書き始めたらきりがない」と、人間の普通の生活、日常生活において、水、水道というのがどれほど大事な役割を果たしているかを述べます。だから、日ごろ、「オーイ水道屋」「コラァ設備屋」と呼び捨てにされ、怒鳴られようと、「私はこの仕事を天職と考え、人間生活に密着した設備として、……客先に不自由のない様、これからも努力していく所存です」と結んでおります。坂東さんの「〈たかが設備屋〉〈されど設備屋〉」とはこのような話です。

　私はこの文章を読んで、大変感動し、また誇らしく思いました。本学の卒業生はいろんなところで活躍しております。例えば、一部上場企業における社長・役員の数は、全大学中で20番目から30番目に位置しています。本学にとって誇るべきことです。しかし、本学が1番誇りとしているところは、単に、一部上場企業に勤めているとか、そこの社長・役員を務めているということではないように思います。人の仕事・職業というものにはいろいろなものがありますが、一つとして社会に役に立たない仕事はございません。

　先ほどの坂東さんの文章に言う、「たかが設備屋」の「たかが」というその仕事の職種や企業名や役職に重きを置くのではなく、「されど設備屋」の「されど」という、その仕事の社会における働きや役割に重きを置き、その仕事を自分にとって、天職＝天から授かった仕事・職業と捉え、誠実にその仕事を遂行するという姿勢、こうした姿勢を持つ坂東さんのような卒業生が全国に多数存在していること、このことこそが本学の1番の誇りにするところでございます。

Chapter 2　「オーイ水道屋」、「コラァ設備屋」

　これを逆にし「されど」という、その仕事が社会においてどのような働きをしているのか、どのような役に立っているのかを忘れ、ただ「たかが」という、仕事の職種や企業名や役職に重きを置き、それを維持するためにのみ汲々としている姿、その結果が、昨今ほとんど毎日のようにマスコミで見聞きする、大会社・有名会社の社長さんや官僚・公務員のトップの方々の頭を下げ、謝罪している姿ではないでしょうか。

　ところで、今、紹介しました坂東さんの言葉、あるいはその生きようは、実は日本人が古くから、昔から大事にしてきた「一隅を照らす」という生きように通じるものです。皆さん、日本史で勉強したように、平安時代に真言宗を開いた空海とともに、比叡山延暦寺で天台宗を開いた最澄は「一隅を照らす、これすなわち国宝なり」という有名な言葉を残しています。「国宝、国の宝とは金銀財宝にあらず、職業は何であろうと自分の仕事・持ち場＝一隅＝片隅を大事にし、そこに真心を尽くす。そういう人こそ国の宝である」、「また、そういう人々が国中に満ちあふれた時、はじめて、その国は本当の意味で豊かになる」というものです。※※

　みなさん、これからの長い人生において、坂東さんのようなお仕事、地中を掘り起こして水道管を埋設している現場にしばしば遭遇することと思います。どうぞ、そうした折には、今日紹介しました、坂東さんの「〈たかが設備屋〉〈されど設備屋〉」の話を思いだしてください。また最澄の「一隅を照らす、これすなわち国宝なり」という言葉を思い起こしてください。そして、本学の卒業生であることを誇りに思い、皆さん一人ひとりの仕事・職業が、社会でどのような役割を担っているのか、社会のどの部分で役立っているのかを常に確認しながら生きていって欲しいと思っております。

最後になりましたが、今日ここにご出席の卒業生の皆様一人ひとりのご健勝を、またご家族の皆様のご多幸を心より祈念いたしまして、式辞といたします。

2008年3月25日

※宮陵会は2013年4月より一般社団法人神奈川大学宮陵会として、新しい船出をしている。
※※式後、経済学部の河野通明教授（現名誉教授）から最澄の『山家学生式』のこの部分は、これまでのように「一隅を照らす。これ即ち国宝なり」（「照于一遇此即国宝」）と解釈するのは間違いで、「一隅を守り、千里を照らす。これすなわち国宝なり」（「照千一遇此即国宝」）と解釈するのが正しいとのご指摘をいただいた。確かに、調べてみると、学説的には異なる二つの説があるようである。尚、天台宗では前者を公式の解釈として「一隅を照らす運動」を行っている。

Chapter 3

一番して欲しくない失敗（ミス）
—— レオン・グレオ・サントスの記念碑

2008年4月 入学式 式辞

　神奈川大学に入学された皆さん、また、神奈川大学大学院に入学された皆さん、ご入学おめでとうございます。私は神奈川大学の全ての教職員を代表して、新入生の皆さんを心から歓迎いたします。また、今日ここにご列席いただきました、ご家族の皆様にも、心からお慶びを申し上げる次第です。

　式典に先立ち映像でご覧になられましたように、本学は1928（昭和3）年、米田吉盛先生によって横浜学院として創立され、翌1929年には、旧制専門学校令による横浜専門学校となり、さらに、第2次世界大戦後の1949年には新制大学としての神奈川大学となって今日に至っています。したがって、本年は創立80周年という記念すべき年にあたります。

　また、創立者の米田吉盛先生は1898（明治31）年11月に愛媛県喜多郡瑞穂村（現内子町）に生まれましたので、今年は、米田先生の生誕百十周年にもあたります。先生は中央大学を卒業後、弱冠29歳で横浜学院を立ち上げられ、横浜専門学校副校長、神奈川大学学長・理事長を歴任し本学の発展に努められました。また、それだけではなく、1950年には、全国の私立大学の連合体である日本私立大学協会副会長に就任、そして同年11月フランスのニースで開かれた国際大学協会創立総会に日本の私立大学を代表して出席するなど、戦後の日本における、私立大学全体の発展の礎を築く上で大きな役割を果たしました。

他方で米田先生は、戦前・戦後の1940年代から60年代にかけて、前半は愛媛県から、後半は神奈川県から、それぞれ2期6年間、計12年間にわたって国会議員を務められ、厚生政務次官に就任するなど政治家としても活躍されました。

　本学創立80周年記念事業の一環として、間もなく米田先生の伝記が御茶の水書房から出版されます（『教育は人を造るにあり─米田吉盛の生涯─』）。新入生の皆様はもちろん、ご父母の皆様にも、ぜひ読んでいただきたいと思っております。必ずや神奈川大学に対する愛着や誇りが増すものと確信しております。

　さて、80年の歴史を誇る本学が、もっとも大事にしてきたことはいうまでもなく、先ほどの映像にもありましたように、学生の教育です。とくに、米田先生は「大学教育はただ学問研究に終始したのでは、その真の目的は達成されない。学問を通じて行う人間教育が特に重要である」、また「教育は人を造るにあり」ということをしばしば述べて、教育の重要性、またその中でも人格の陶冶、人間形成の重要性を指摘しています。また、こうした事を実現するために「教育は教員にあり」という信念のもと、優秀な教員を招聘する事に情熱を傾け、さらに「ゼミ・卒研の神大」と社会的評価も得てきたように、少人数教育を大事にしました。ゼミや卒研では優秀な教授陣と学生との濃密な師弟関係が築かれ、多くの優れた人材が育っていきました。神奈川大学の卒業生数は戦前の横浜専門学校を含めまして18万余人に上ります。この数は国公私立700余大学の中でなんと17番目という輝かしい位置にあります。

　また、本学は、この教育の重視とともに、大学の教育は学問研究に基づいたものでなくてはならない、「教育と研究の融合」の理念のもと、研究活動にも力を入れてきました。その成果は、例えば、本学日本常民文化研究所と大学院歴史民俗資料学研究科等を中心とした「人

Chapter 3　一番して欲しくない失敗（ミス）

類文化研究のための非文字資料の体系化」という研究プロジェクトが、文部科学省の「世界最高水準の研究教育拠点」を形成するために策定された国家的事業、「21世紀COEプログラム」に採択されたことにも表れています。

　さらに、研究成果を社会へ還元する活動も積極的に行っています。例えば、工学部建築学科の荏本孝久教授を代表者とする学術フロンティア推進事業の研究成果である「神奈川県内を50メートル4方に区切り、地盤の違いに応じて地震の揺れやすさを検証したマップの開発」が、昨年の12月19日付け『神奈川新聞』の朝刊の1面トップを大きく飾ったことは記憶に新しいことでございます。

　このように、神奈川大学は「学生の教育」、「研究の深化」、「社会貢献」という21世紀の大学が求められる使命を不断の努力によって果たそうとしています。皆さんはこれから本学の学生、大学院生としての生活をはじめるにあたり、皆さんの背後には、こうした、輝かしい80年という歴史があるということ、また、18万余の卒業生がいるということを片時も忘れないで、誇りある学生生活を送っていただきたいと思います。

　さて、最後に皆さんに餞（はなむけ）の言葉を贈りたいと思います。今、いわゆる「ロス疑惑事件」で無罪が確定した三浦和義さんという方が、サイパンでアメリカ当局により「再逮捕」された事が話題となっています。サイパンはアメリカの自治領ということですが、かつてサイパンを含むこの地域の島々が第1次世界大戦から第2次世界大戦の間、約30年間にわたって、南洋群島とよばれ日本の事実上の領土（国際連盟の委任統治領）であったことはあまり知られておりません。

　赤道以北のマリアナ諸島、カロリン諸島、マーシャル諸島の3群島

は、16世紀の大航海時代に「発見」され、世界の地図に載るようになった地域です。最初はスペイン、英国などによって領有が宣言されておりましたが、19世紀末にはグアムを除く全ての島々はドイツ領になっていました。第1次世界大戦の開始と共に、日本領にそして第2次世界大戦後はアメリカの支配下に入ります。しかし、1970年以降、これらの島々にも独立の波が押し寄せ、独立国になったり、サイパンのようにアメリカ合衆国の自治領（州、北マリアナ連邦）となったりして今日に至っているのです。

　いうまでもなく、これらの島々には、チャモロ族とカナカ族という2つの先住民族が、太古の昔から生活を続けていました。したがって、今述べた、数百年にわたる、スペイン―ドイツ―日本―アメリカという大国の支配の歴史は、彼らにとっては、数百年にわたる、それらの大国からの独立の歴史でもあったわけです。

　さて、私は4年前、日本統治時代にそれらの島々に立てられた神社の跡地を調査するためにその地を訪れましたが、その折、グアム島の公園に建てられている、チャモロ族の独立の英雄、「レオン・グレオ・サントス」の記念碑のことを知りました。その記念碑には「われわれは、時にはしくじるかもしれない。また、ミスを犯すかもしれない。しかし、われわれは、試みることを行わないというミスを、決して犯してはならない」と書かれているそうです。私はこの言葉に大変感銘を受けました。今、私はこの言葉をとくに若い新入生の皆さんに贈りたいと思います。

　私は昨今、日本の社会において若者のミスや失敗、あるいは過ちに対して厳しい風潮があるのを大変、憂えています。赤ん坊から幼児、幼児から少年、少年から青年、青年から大人へと、人間はその時期その時期に過ちや失敗、ミスを経験することによって成長し、大人にな

っていくのです。その失敗やミスは、一人の人間が成長していく上で、ある意味では必要不可欠のものだと思っています。それを経験しない、あるいはそれをさせない風潮が、逆に昨今の、少年、青年、そして大人による、痛ましい犯罪を続出させているのではないかと思ったりもしています。

　私はあえて、皆さん方に、この大学生活の中で失敗したり、ミスをしたりすることを勧めたいと思います。何か新しいことを始めようとしたり、試みようとしたりすれば、かならずやミスや失敗をするものです。ミスや失敗をしたときは、それを反省し、そこから教訓を導き出し、場合によっては償ったりすればいいのです。1番してほしくないのは、ミスや失敗ではありません。1番してほしくない事は、失敗やミスを恐れて、何も新しい事を試みようとしなかった、何もチャレンジしようとはしなかった、と言うことです。そういうミス、そういう失敗だけは、絶対にしてほしくないと思っています。

「われわれは、時にはしくじるかもしれない。また、ミスを犯すかもしれない。しかし、われわれは、試みることを行わないというミスを、決して犯してはならない」
　皆さんにこの言葉を贈りまして、式辞といたします。

2008年4月3日

Chapter 4
横浜開港150周年
──「果てなく栄えて行くらん……」

2009年3月 卒業式 式辞

　皆さん本日は誠におめでとうございます。
　ただいま、各学部を卒業した皆さんには学士、大学院博士前期課程を修了した皆さんには修士、博士後期課程を修了した皆さんには博士の学位がそれぞれ授与されました。さらに専門職学位課程（法科大学院）を修了し法務博士の学位を授与された方もおられます。また、大学院の課程終了とは別に、本学大学院に論文を提出して博士の学位を授与された方もおられます。私は、皆さん方が長年の努力の結果、こうした学位を取得され、本日、ここに晴れて卒業式・学位授与式を迎えられました事に対して、心よりお慶び申し上げます。

　また、本日は、長年にわたり皆さんを見守り、育ててこられましたご家族の皆様にも大勢ご列席いただいております。親にとって子の喜び、晴れ姿を見ることが出来ること、これにまさる喜びはございません。ご家族の皆様のお喜びもさぞやと推察いたします。私は神奈川大学の全ての教職員を代表して、ご家族の皆様にも心よりお祝い申し上げます。

　さて、皆さんは、明日から本学を巣立ち、社会人としての歩みを始めるわけですが、そのスタートにあたりいささか餞(はなむけ)の言葉を贈らせていただきます。
　昨年9月下旬のアメリカの証券会社リーマン・ブラザーズの破綻に始まる金融危機は瞬く間に世界に広がるとともに、実体経済にも深刻

な影響をもたらし、欧米や日本のみならず、これまで比較的堅調だった新興国の経済にも深刻な影を落とし、まさに世界同時不況の様相はいよいよその深刻さを増しているようです。

　こうした、昨年秋以降の経済状況に対応するために、本学でも緊急に貸費生の緊急募集や激励奨学金の緊急募集、さらには私費外国人留学生への緊急支援を行いました。また、就職内定者の取り消しに対応するために、卒業単位を満たしている学生に対しては特別に卒業延期制度を設け、もう1年在学したままで就職活動が出来るようにしました。

　皆さんは昨年の今頃、1年前の今頃は、戦後最長の「好景気」の中、売り手市場の就職活動に全力をあげておられた事と思います。それが、半年後にあっという間に暗転してしまいました。「グローバリゼーション」とか「ボーダレス」とか「世界は一つ」という言葉、頭の中では理解しておりましたが、今回ほどそのことを実感させられたことはないのではないでしょうか。

　いつもであればこの卒業式、卒業の喜びと同時に、新しい世界への希望と期待に溢れかえるものですが、今年は心のどこかで一抹の不安、これから自分の将来はどのようになって行くのだろうか、自分の会社はどうなるのだろうか、そして日本は、世界はどうなるのだろうかという不安を抱いている方も多いのではないかと思います。

　私も、昨年秋以降、そのような気持ちを抱いておりましたが、今年の正月に、横浜市神奈川区の賀詞交換会に出席した折、私は初めて横浜市歌・横浜市の歌に接する機会を得ました。この歌は1909（明治42）年、今から100年前の7月1日、横浜港の開港50周年記念祭で披露されたもので、作詞はあの森林太郎（森鷗外）です。この式場には、横浜市民の方も大勢おられてその方にとっては、とりたてて言うほど

のものではないのかも知れませんが、私のように九州の出身で、神奈川大学に奉職して始めて横浜市と縁を持った者にとっては、昨今の世情と相俟って、この初めて聴く森林太郎作詞の横浜市歌の、次のような詞にハッとさせられるものがありました。

　歌詞の2番から3番にかけて、横浜港が日本で1番の国際港であることを誇ったあとの、「むかし思えばとま屋の煙／ちらりほらりと立てりしところ」「今は百舟百千舟／泊まるところぞ見よや／果なく栄えて行くらん…」という詞です。

　そう。皆さん、今年は横浜開港150周年にあたります。1853（嘉永6）年、アメリカ東インド艦隊司令長官・ペリーが率いる4隻の黒船が浦賀沖に現れ、翌年、日米和親条約を横浜にて締結し、近代日本の開国となりました。そして、4年後の1858（安政5）年には日米修好通商条約が締結され、それに基づき翌年の1859年の6月2日（新暦7月1日）、横浜港が開港しました。

　この日米和親条約が締結された横浜村、そして日米修好通商条約の締結により、最初の開港場となった横浜村、今日この式典を行っている国際会議場のすぐ前の地でもありますが、その地は当時、戸数わずか100戸足らず、人口300人程度の砂州上に形成された半農半漁の「寒村」でありました。まさに「とま屋の煙」、萱で屋根を葺いたような質素な小屋＝とま屋から、わずかに「ちらりほらりと」静かに煙がたっているような「寒村」、落ちついた、静かな村だったわけです。しかし、そうした「寒村」が開港場となったが故に、短期間で居留地、波止場、運上所（税関）など国際港の体裁が整えられ、欧米の文物が一挙に横浜にもたらされ、横浜は「今は百舟百千舟」、百隻・千隻の多くの内外の艦船が「泊まるところ」になったのです。日本最大の国際貿易港になったのです。

Chapter 4　横浜開港150周年

　今日、関内、西区あたりを歩いていますと、道路のあちこちに「何々発祥の地」という石碑や案内板を見ることができます。いわく、「日本国新聞発祥の地」、「クリーニング業発祥の地」、「近代的下水道発祥の地」、この他、電気、電信・電話、鉄道、ガス灯等この横浜における発祥を告げるものは枚挙に暇がありません。19世紀後半、まさにヨーロッパに端を発した近代資本主義が世界を一つにし、近代ヨーロッパの制度文物を世界の隅々に行き渡らせようとした、そうした意味ではまさに「グローバリゼーション」とか「ボーダレス」とか「世界は一つ」という現象のはしり・端緒は今から150年前の、この横浜で始まったのです。

　昨年の秋以降、私たちが直面している事態は、日本が鎖国をやめ国を開いた明治維新、そして1945年の敗戦と戦後の改革についで3度目の変革、天地がひっくり返るようなパラダイムの転換が進行しているのだ、ということがよく言われています。ただ先に述べた横浜村を含めた近郷近在の人々の驚きや不安や戸惑い、もくもくと黒い煙を吐き出す4隻の黒船を横浜沖に初めて目にした時、ペリー一行が条約締結のために、祝砲が轟く中、軍楽隊を先頭に横浜村に上陸する姿を見た時、そして開港以降の横浜における急速な文物の流入を目の当たりにした時の、人々の驚きや不安や戸惑いは、おそらく今私たちが感じているようなものよりは、もっと深くもっと深刻なものであったのではないかと推察します。しかしながら、横浜の人々は見事、この鎖国から開国、封建社会から近代社会へというパラダイムの転換を乗り切り、今日の横浜の発展を築いたのです。私が横浜市歌の1節にハッとさせられたのはこのことです。

　横浜の地はその後、1923年の関東大震災では2万数千人に上る死者、1945年の横浜大空襲では1万人上る死者を出すなど、幾度かの壊滅的な打撃を受けましたが、そのたびに不死鳥のように復活してきました。

このような、伝統を持つ横浜の地に創立者米田吉盛先生は、今から80年前に本学を創設されました。米田先生はこうした横浜の伝統を、「質実剛健」、「積極進取」、「中正堅実」という建学の精神に転写いたしました。この「質実剛健」、「積極進取」、「中正堅実」とは一言で言えば、伝統を重んじると共に、新しい事にも恐れず立ち向かい、真正の道を突き進むというものです。

　大きな文明のあり方の転換点に立っている今こそ、近代以降三度目のパラダイムの転換が求められている今こそ、この横浜開港150年の伝統を、そして神奈川大学建学80年の精神をしっかり記憶に留めたいと思います。そうすれば、かならずや今、私たちが直面している困難を克服し、新しい時代を切り開いていくことが出来るものと確信しております。

　「むかし思えばとま屋の煙／ちらりほらりと立てりしところ」「今は百舟百千舟／泊まるところぞ見よや／果なく栄えて行くらん…」。皆さん、この横浜市歌の1節を、皆さんを送る餞(はなむけ)の言葉にさせていただきます。

　最後になりましたが、今日ここにご出席の卒業生の皆様一人ひとりのご健勝を、またご家族の皆様のご多幸を心より祈念いたしまして卒業式の式辞といたします。

2009年3月25日

米田吉盛先生と小柴昌俊先生
―― 無限の可能性を持って

2009年4月 入学式 式辞

　神奈川大学に入学された皆さん、また、神奈川大学大学院に入学された皆さん、ご入学おめでとうございます。私は神奈川大学の全ての教職員を代表して、新入生の皆さんを心から歓迎いたします。また、今日ここにご列席いただきました、ご家族の皆様にも、心からお慶びを申し上げる次第です。

　式典に先立ち映像でご覧になられましたように、本学は、1928（昭和3）年、米田吉盛先生によって横浜学院として創立され、翌1929（昭和4）年には、旧制専門学校令による横浜専門学校となり、さらに、第2次世界大戦後の1949（昭和24）年には新制大学としての神奈川大学となって今日に至っています。

　昨年、本学は創立80周年を迎え、学校法人神奈川大学（前白井宏尚理事長）は様々な記念事業・記念行事を執り行いました。また、創立者米田吉盛先生の伝記『教育は人を造るにあり―米田吉盛の生涯―』を刊行すると共に、20年後の100周年には、日本の大学・世界の大学の中でより確固とした地位を占めるべく、中長期の「将来構想」を策定いたしました。

　また、本年は経営学部、理学部の2学部がある湘南ひらつかキャンパス（SHC）が開設されて20周年という年にあたります。これを記念して新棟もこの秋に竣工しますが、SHCは交通アクセスの不便さを、教育内容・教育の質で克服し、本学の教育改革の先導役を務めてまい

りました。この20周年を機にいっそうの発展を期待しております。

　さて、特別な記念行事は行いませんが、今年はもう一つ大事な節目の年でもあります。それは、横浜専門学校が神奈川大学になって60周年になるということです。
　戦後の1947（昭和22）年３月、教育基本法・学校教育法が公布されましたが、この新しい学制に対応するために、同年５月「横浜専門学校復興準備委員会」が結成され、新制大学への移行のための準備が開始されました。しかし、空襲により校舎の一部が被災し、また終戦後のすさまじいインフレの中で新制大学への移行のための学校の整備・拡充を短期間の内に実現することは極めて難しい問題でありました。

　戦前の専門学校は今日の専門学校とは違い、大学と並ぶ旧制の高等教育機関であり、一部のエリートが進むところでした。しかし、新しい学制のもと大学に昇格するのは関係者にとっては悲願でございました。しかし、そのためには図書館の建設をはじめ専門学校時代とは比較にならない、物的・人的整備・拡充が求められたのです。
　このために、「復興準備委員会」は２千万円にのぼる「横浜専門学校大学昇格並びに復興計画予算案」を作成し、在学生、教職員、同窓生に１口2000円の寄付を募りました。新入生の皆さんはもちろん、ご列席のご家族の皆さんには想像もつかないことかと思いますが、戦後のインフレと食糧難の時代に、教職員、同窓生はいうまでもなく、アルバイトをして学生生活を維持していた大半の学生にとって、この１口2000円の寄付、今では約20万円余の価値を持つものと思いますが、それは大変な負担でありました。

　したがって、募金活動も当然ながら困難を極めました。次の文書は1948年９月「復興委員会」が同窓生にあてた追加支援の願書の１節です。「横専の大学昇格案も文部省で正式に採択され、来る９月27日実

地調査団を母校に迎えることになりましたが、昇格に絶対の条件になると思われます図書館が資金約150万円不足のため未完成になっていますので、同窓諸兄の特別なご同情を仰ぎ母校を無事に大学にしたいと思います。貴兄よりは既に一部御送金をいただいておりますが、この際幾ばくでも良いですから追加のご送金をお願いします」（波線は筆者）。大学になることがどれだけ大きな夢であったのか、またそれがどれだけ大変な事だったのか、この形振り構わぬ文面によく現れているように思います。

　今日、全国の大学の中での神奈川大学の地位は、明治期に草創の歴史をもち、百数十年の歴史を誇る一部の私立大学には、なお及びませんが、昭和の戦前期に創立された私学の中ではトップレベルの総合大学としての地位を築いております。卒業生数は18万余人に上ります。この数は日本の全ての大学、国公私立700余の大学の中でなんと14番目という高い位置にあります。また、ただ数が多いというだけではなく、例えば上場企業の社長・役員の出身大学のランキングを見ましても、別に社長や役員になることだけが人間の価値だとは思いませんが1例としてあげますと、社長の数では35位、役員の数では28位とこれも700余の国公私立大学を含めた全ての大学の中での位置ですから、極めて高い位置にあると言っていいでしょう。

　皆さんはこうした神奈川大学に入学されたことをどうぞ誇りに思って下さい。と同時に、こうした地位が、この大学昇格時の教職員、同窓生、在学生の血の滲むような苦闘に見られるように、皆様方の先輩の大変な努力によって築かれたものであることをしっかり記憶してほしいと思います。

　最後にもう一つ述べさせていただきます。私は2年前に学長に就任していらい事あるごとに、「自分自身を見限らないで下さい」、「20歳

前後の若者は無限の可能性を持つ」、「高校時代の〈成績・実力〉が皆さんの生涯を左右するのではなく、大学に入ってからの4年間の過ごし方が、皆さんの生涯を左右するのだ」ということを口をすっぱくして言い続けてきました。皆さんには合格通知と共に『大学で何を学ぶか―学問への誘い2009年度版―』が送られてきたと思います。私は、その「はじめに」のところで「創立者米田吉盛先生とノーベル賞受賞者小柴昌俊先生」という1文を書いております。実は小柴先生には昨年、80周年の記念講演をしていただきましたし、またそのご縁で本学の名誉博士にもなっていただいております。

　そこで、私が触れたのは、お2人が、幼い時から家庭的にも経済的にも恵まれ、また「秀才」として抜群の成績を納めていたかと言えば、全くそうではなかったという点です。尋常小学校を卒業しただけの米田先生が旧制中学、今の高等学校に入学したのは21歳の時、そして大学に入ったのはなんと25歳になってからです。また、小柴先生はノーベル賞を受賞するような大学者ですから、小さい頃から神童、天才と言われていたと想像されますが、自著でも書かれているように、実は旧制の中学から旧制の高等学校、今の大学の教養課程に入学するのに2度失敗し、3度目にようやく合格しているのです。つまり、18歳前後の、高校時代までの「実力」「成績」、大学入学時の「実力」「成績」がその人の生涯を決めるわけではないということです。

　実はこの事は、もう1年前『大学で何を学ぶか―学問への誘い2008年度版―』でも、本学の陸上競技部が1997年と98年に箱根駅伝で連続優勝した例を取り上げて述べました。本学の陸上競技部は、この数年間、出場しながらも良い成績を納めることは出来ておりませんが、神奈川大学といえば駅伝と全国的に知られております。しかし、97年、98年と連続優勝した頃はまだ神奈川大学は駅伝においては無名の大学でした。したがって、選手も高校時代の戦績はいわゆる「二流」

Chapter 5　米田吉盛先生と小柴昌俊先生

「三流」の成績を持った選手しか来てくれませんでした。「一流」の戦績をもった高校生は皆、東京のいわゆる「ブランド校」に進学していきました。しかし、そうした「二流」「三流」の選手達が、本学に入学して、本人の努力と指導者の情熱的な教育により、急成長、「大化け」して、連続日本一の栄冠を勝ち取ったのです。

　皆さん自身はまさにその年代の真っ只中にいる者として、気付いておられないかと思いますが、皆さん自身の真剣な努力と教職員の教育にかける熱情がうまくかみ合ったとき、私はスパーク・火花を散らした時と言っていますが、皆さん自身が信じられないほどの変化、成長、達成を成し遂げられる可能性がこれからも十二分にあるという事です。この20歳前後の若者は無限の可能性を持つということを片時も忘れないでほしいと思います。

　皆さんは、昨年秋に始まる世界同時不況の真っ只中に入学されました。しかし、皆さん何も不安がることはございません。大学昇格時の皆さん方の先輩の血の滲むような苦闘に思いをいたした時、私共の今の不安はまだ軽いものです。そうした先輩達の営為の上に勝ち取られた今日の神奈川大学に入学できたことを誇りに思い、そして、20歳前後の若者の無限の可能性を信じて、充実した学生生活、大学院生活を送って欲しい思います。そうすれば、必ずや皆様方の未来は切り拓かれるものと確信しています。

　最後に、皆様方学生一人ひとりのご多幸と、ご列席のご家族の皆様のご健勝を心より祈念して式辞といたします。

2009年4月3日

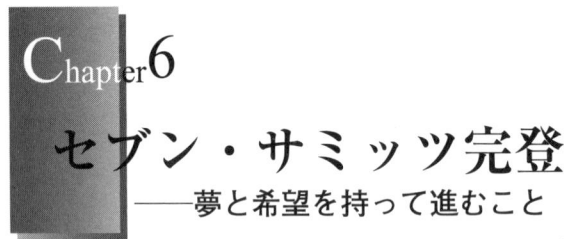

Chapter 6
セブン・サミッツ完登
―― 夢と希望を持って進むこと

2010年3月 卒業式 式辞

　皆さん、本日は誠におめでとうございます。
　ただいま、各学部を卒業した皆さんには学士、大学院博士前期課程を修了した皆さんには修士、博士後期課程を修了した皆さんには博士の学位がそれぞれ授与されました。さらに専門職学位課程（法科大学院）を修了し法務博士の学位を授与された方もおられます。また、大学院の課程終了とは別に、本学大学院に論文を提出して博士の学位を授与された方もおられます。私は、皆さん方が長年の努力の結果、こうした学位を取得され、本日、ここに晴れて卒業式・学位授与式を迎えられました事に対して、心よりお慶び申し上げます。

　また、本日は、長年にわたり皆さんを守り育ててこられましたご家族の皆様にも大勢ご列席いただいております。親にとって子の喜び、晴れ姿を見ることが出来ること、これにまさる喜びはございません。ご父母の皆様のお喜びもさぞやと推察いたします。今年から、皆様方のご要望にお応えし、式を2部制にして、ご家族の皆様も学生と同じ会場に列席していただき式典を挙行しております。私は神奈川大学の全ての教職員を代表して、ご家族の皆様のこれまでのご労苦に感謝申し上げると共に、また心よりお祝い申し上げます。

　さて、皆さんは、明日から本学を巣立ち、社会人としての歩みを始めます。本来ならば希望で胸を膨らませ、夢一杯の気持ちでスタートをするのですが、今年は卒業の喜びを感じながらも、どこか一抹の不

安を抱えている状況にあるのではないでしょうか。
　ご承知のように、一昨年秋に始まった世界同時不況の様相は、幸いにその後、新興国を中心に経済も持ち直し、最悪の状況を切り抜けつつありますが、しかし、日本を含めた先進諸国の経済はまだ予断を許さない状況にあります。

　こうした状況を反映して、今年度の就職状況も大変厳しいものになり、この中にはまだ就職が決まらないまま卒業される方もおられます。学長として皆さん方の努力を実らせることができなかったことを申し訳なく思い、心を痛めております。大学としましても、４月以降も皆さん方、卒業生のための専用の窓口を設け、皆さん方の就職活動を強力に支援していくつもりです。
　また、就職を決められた方も、これから自分の将来はどのようになっていくのだろうか、自分の会社はどうなるのだろうか、そして日本は、世界はどうなるのだろうか、という不安を抱いている方も多いのではないかと思います。

　皆さん方の現在の不安は、確かに直接的には一昨年のアメリカの金融危機に端を発したものですが、大きくは近代社会、日本で言えば明治維新以来、百数十年の間に造られた様々な仕組みが今、地球規模で大きく転換を迫られているというところから来ているものです。政治・経済・文化あらゆる側面においてこれまで当たり前だと思われていたこと、常識とされていたことが大きく壊れつつあります。その時代や分野において支配的規範となる物の見方や思想、社会全体の価値観などが劇的に革命的に変化することをパラダイムチェンジともいいますが、今、世界規模で地球規模でこのパラダイムチェンジともいうべきことが進行しているのです。

　例えば近代の資本主義制度のもとでは大量生産・大量消費が善とさ

れてきましたが、今は、地球環境や人間にかかる負荷を極力抑え、持続可能（サステナブル）な社会への転換が求められています。また、これまで人間を優先して、自然を開発・開拓してきましたが、これからは自然と調和した暮らしが求められていきます。今年10月には生物の生息環境の保全などを目的に、名古屋で生物多様性条約第10回締結国会議（COP10）が開催されます。

　このように、これまで当たり前のことのように行われてきたことが、今、大きく転換を迫られているということです。しかもこの転換は数十年という単位で、それは人類の歴史時間から言えばアッという間ですが、1人の人間の時間軸で言えば、徐々に進行し、変化していくものであります。この間、試行錯誤あり、ゆり戻しがあり、また様々なひずみ・軋轢が生まれてきます。

　例えばもう少し身近な問題に引き付けますと、これまで日本独特の賃金構造や雇用慣行があり、それが高度経済成長期に年功序列型賃金や終身雇用というものに定着し、人々は一旦会社に入れば、年々賃金が上がり、定年退職するまでその会社で働けるというものでありました。しかし、これが現在では、賃金に成果主義、能力主義が取り入れられ、あるいは雇用では早期退職の勧奨や、非正規職員の雇用がどんどん取り入れられております。しかし、他方で近年これらの制度の持つひずみが注目され、この見直しが始まっています。またそれだけではなく、非正規雇用という制度そのものを見直そうという動きも出ています。新聞やテレビでも大きく報じられましたが、広島電鉄株式会社は昨年10月に契約社員を正社員に1本化しました。因みに、この広島電鉄株式会社の社長さん、大田哲也さんは1963年に本学工学部電気工学科を卒業された方です※。旧来の制度から新しい制度への移行は、すんなりいくものではなく、試行錯誤、ジグザグを伴いながら進んでいくのです。

今、皆さん方が漠然と感じている不安感の根源はここにあるのです。今までの常識や規範に頼る事は出来ない、また今までの常識や規範に代わる新しい常識・規範も生まれていない。何が正しいのか、何が良いのか、自分で判断しなくてはならないということです。また、その間に様々な矛盾や軋轢が噴出するということです。おそらく、このような状況はあと数十年続くのではないかと考えられますが、その意味で、皆さん方はこれから多くの試練、苦悩を体験することになると思います。

そうした皆さんに餞(はなむけ)の言葉を贈りたいと思います。

昨年、本学の学生及び卒業生は輝かしい記録を打ち立てました。神奈川大学体育会山岳部とそのOB組織である学士山岳会がゼブン・サミッツ、すなわちチョモランマ（エベレスト）を始めとする、世界の７大陸の最高峰の登頂を８年がかりで成し遂げたことです。これはおそらく単独の大学としては初めてのことではないかと言われている輝かしい業績です。このことは、本学の関係者に大きな勇気と喜びを与えましたが、それは本学の関係者に止まりませんでした。

朝比奈誠さんというシンガーソングライターが神奈川新聞のこの快挙の報道に感動して『セブンサミッツ（７つの峰を越えて行け）―神奈川大学山岳部の偉業を称えて―』という歌を創ってくれました。この歌は人間がこの世に生を受けてから、直面する７つの試練「悲しいこと、さみしいこと、つらいこと、きついこと、むなしいこと、厳しいこと、悔しいこと」や、７つの苦悩「絶望感、劣等感、孤独感、挫折感、喪失感、焦燥感、無力感」を、私たちの前にたちはだかっている７大陸の最高峰になぞらえ、それに不屈の闘志を燃やし、希望と夢を抱いてその峰に立ち、その峰を越えて進むことを応援し称える歌です。だから、この歌は直接的には山岳部の偉業を称えるものですが、それを超えて若者達や私たち大人にも元気や勇気を出させる歌となっ

ています。　実はこの朝比奈さんは横浜市のある特別支援学校の先生をしておられます。この学校はダウン症や脳性まひ、そして筋萎縮症などの重度の障害をもった児童・生徒に対して先導的な教育を行っている教育施設です。私は朝比奈さんのことをもっと知りたくて、先日この学校を訪ねてきました。想像していた通り、この歌は特別支援学校に通う児童・生徒へのエール、自分ひとりでは食べることも、立つことも、排泄することも出来ない児童・生徒、しかし懸命に命を燃やし、成長しようと頑張っている児童・生徒へのエール、そしてそれを深い愛情と献身でサポートしている父母へのエール、そして先生方へのエールでもあったのです。

　この、不確実・不安な時代、困難な時代にもかかわらず、いやそういった時代にこそ、夢や希望をもって進むことの大事さは、この山岳部、学士山学会の「セブンサミッツ」の企画そのものの中にございました。両団体がこの企画を発案した直接の契機は、長い伝統を持つ山岳部の部員がいなくなるという事態でした。2000年あのミレニアムの年に、現役山岳部員最後の卒業生2名を送りだして一旦休廃部の状況に追い込まれました。そこで学士山岳会・OBを中心に打ち出された計画が「夢抱き、夢育み、夢実現する」という「ドリーム21」計画、すなわちこの単独大学としては初のセブンサミッツ登頂計画という壮大な計画の旗揚げです。この夢を掲げて翌年から新入生の獲得活動がはじまり、まず2名の1年生部員を獲得しました。この内の1人がチョモランマ登頂を果し、セブンサミッツの登頂にも成功した理学部生物科学科卒業の宮守健太さんです。いまでは山岳部は8名もの部員がいます。このように、山岳部の再建と「セブンサミッツ」の成功は、困難にぶちあたった時こそ、大きな夢、希望、目標を抱き、それに倦（う）まず、たゆまぬ努力を積み重ねることの大事さを示しているように思います。

そして、また、このことこそ、創立者米田吉盛先生の建学の精神のように思いました。米田先生が本学の前身である横浜学院を創立したのは1928年、翌年に旧制の専門学校・横浜専門学校に移行しますが、米田先生はこの時、弱冠29歳の時です。この1928年、29年と言いますと、27年の金融恐慌、29年の世界恐慌と経済的には大変な時でした。しかし、米田先生はこの混乱した時代こそ、若者の教育が何より大事だと教育事業に乗り出したのです。米田先生の情熱は周りを大きく動かし、初代校長には、後に検事総長、大審院長、司法大臣など、今で言えば検察庁長官、最高裁判所長官、法務大臣など、司法界の要職を歴任した林頼三郎先生が就任するなど政界、財界、学界から多くの支援を引き出したのです。まさに29歳の米田先生の夢、希望、目標、それに向けての倦まずたゆまぬ熱意が周りを動かし、わが大学が創立されたのです。

　どうぞ、皆さん、この不確実で不安な時代、困難な時代だからこそ、朝比奈さんの歌にありますように、また本学山岳部・学士山岳会がセブンサミッツを登破したように、そして創立者米田吉盛先生が吾が大学を創立したように、大きな夢、希望、目標を抱いて下さい。そしてそれに向って努力を重ねて下さい。そうすればかならず皆さんを助けてくれる人、賛同者、協力者が現れ、必ず夢はかなえられます。
　このことを申しあげまして、私の式辞といたします。

　最後になりましたが、今日ここにご出席の卒業生の皆さん一人ひとりのご健勝を、またご家族の皆様のご多幸を心より祈念いたします。

2010年3月25日

※大田哲也様は2011年7月に御逝去されました。

Chapter 7
「砕啄同時」
——殻を破る共同作業

2010年4月 入学式 式辞

　神奈川大学に入学された皆さん、また、神奈川大学大学院に入学された皆さん、ご入学おめでとうございます。私は神奈川大学の全ての教職員を代表して、新入生の皆さんを心から歓迎致します。また、今日ここにご列席いただきました、ご家族の皆様にも、心よりお慶びを申し上げます。

　式典に先立ち映像でご覧になられましたように、本学は、1928（昭和3）年、米田吉盛先生によって横浜学院として創立され、翌1929（昭和4）年には、旧制専門学校令による横浜専門学校となりました。この横浜専門学校が、第2次世界大戦後の1949（昭和24）年に新制大学としての神奈川大学となり今日に至っています。「質実剛健・積極進取・中正堅実」の3つを建学の精神として、80有余年の歴史を歩んでおります。

　卒業生数は約18万人、この18万人という数は、今日、国公私立大学、全部で約780校ありますが、その中で14番目に多い大学でございます。また、今は別に会社の社長さんや役員になる事だけが人生の目的ではありませんが、東洋経済新報社の『役員四季報（上場企業版）』2009年度によりますと、上場企業や店頭企業の社長の数では780校中、39番目、役員の数では31番目と、これも高い位置を占めています。国立大学だけでも86校、公立大学だけでも93校ある中での31番、39番目という数字ですから大変なことだと思っています。皆さん方の先輩は全

国津々浦々で、いや世界中で活躍されているのです。このように、本学は昭和戦前期に創立された大学としてはトップレベルの堂々たる総合大学として存在しています。

　さて、近年、日本の大学は構造改革とも言うべき大きな変化を遂げつつあります。この背景にはグローバリゼーションの進展に基づく、海外の大学との通用性・互換性の確保という問題もありますが、1番大きな要因は18歳人口の急減に伴う進学率の急増です。昨年、4年制大学への進学率がついに50％を超え、短大や専門学校を含めると高等教育を受ける割合は70％を超える時代になってきました。もはや、大学は一部のエリートを養成するところではなく、「21世紀型市民」を幅広く養成するところになっております。こうしたことを背景に本学でも、2002年の学生による授業評価制度の導入、2006年のセミスター制度の導入やFYS（フアースト・イアー・セミナー）やキャリア形成科目などの新しい授業科目の導入、さらに2007年には大学院科目早期履修制度、そして本年度より副専攻制度を導入するなど、次々に新しい教育改革を進めています。また大学院でも、早期修了制度、特定課題の導入、長期履修制度など新しい時代に相応しい大学院作りに励んでいます。

　また、大学はこうした教育面ばかりではなく、研究の上でも社会に貢献しなければなりません。研究上で言いますと、本学は8つの研究所を持ち、それぞれ旺盛な活動をしています。中でも庶民の生活文化、民俗学や歴史学、文化人類学分野で長い伝統を持つ、神奈川大学日本常民文化研究所は、文部科学省が世界最高水準の大学づくりを推進するために設けた「COEプログラム」の一つの拠点として採択され、多くの成果を残しました（2003～2007年）。この成果は現在「非文字資料研究センター」という形でその活動が継承されています。また、文部科学省は、人文学や社会科学の分野で世界的な研究成果をあげる

ために、私立大学の中に共同研究拠点を設けるという事業を立ち上げました。日本常民文化研究所は昨年この事業にも採択されました。ちなみに、昨年末、文部科学省から本年度事業の概要が送られてきましたが、この共同研究拠点を設けるという事業の具体例として早稲田大学の「イスラーム研究」、慶應義塾大学の「経済統計学・応用経済学」、神奈川大学の「文化人類学・民俗学」というふうに、早稲田大学、慶應義塾大学と並んで、神奈川大学の共同研究拠点（「国際常民文化研究機構」）が3つの代表的事例の一つに挙げられております。これはほんの代表的な研究の1例です。その他に理学研究科や工学研究科等においても、世界的な研究成果を数多くあげています。

　このように、本学は教育の面におきましても、研究の面におきましても、堂々たる総合大学としての地位を保っております。こうした改革の姿勢・実績が評価され、昨年度、大学基準協会にお願いした外部評価において、「大学基準に適合している」との評価を得ましたし、また本学法人（伊藤文保理事長）が中心となって行った外部評価（日本格付研究所・JCR）の受審においても、財務状況を含めてAA（ダブルA）の評価を戴いております。皆さん方はこのような神奈川大学に入学してきたことを誇りに思って下さい。そして、充実した大学生活を送ってほしいと思っています。

　最後に皆さん方に、一つだけ付け加えさせていただきたいことがございます。私は3年前に学長に就任して以来、入学して来た学生さんたちに、事あるごとに、「自分自身を見限らないで下さい」、「高校時代の〈成績・実力〉が皆さんの生涯を左右するのではなく、大学に入ってからの4年間の過ごし方が、皆さんの生涯を左右するのだ」、「20歳前後の若者は無限の可能性を持つ」、ということを繰り返し言い続けてきました。皆さんには合格通知と共に『大学で何を学ぶか―学問への誘い―2010年度版―』が送られてきたと思います。私は、その

Chapter 7 「啐啄同時」

「はじめに」のところで「啐啄同時(そったくどうじ)」という1文を書きました。皆さん覚えておられるでしょうか。「啐(そつ)」は中から雛鳥が、「啄(たく)」は外から親鳥が卵の殻を突付くこと。師・先生と学習者・学生との呼吸がぴったり合ったとき、学習者は大きな飛躍を遂げることができる、大きな事が成し遂げられるという意味です。

まだ孵化する時期ではないのに、親鳥が卵の殻を突付いて割ってしまえば雛鳥は死んでしまうし、雛鳥がその時期になって内側から卵の殻を破ろうと努力しているのに、親鳥がそれに気付かず放っておいても雛鳥は死んでしまいます。卵から雛が孵るためには、雛鳥と親鳥の、中からと外からの卵を割る共同の作業が、同時に行われて初めて可能であるという意味です。

ひょっとして、皆さんの中には、「自分は小さい時からいろいろ努力をしたけれど、結局うまくいかなかったのだよなぁ」とか、あるいは、「まあまあ自分の力はこんなものだよなぁ」と思っている人がいるとすれば、私は違うと言いたいのです。それは、この「啐啄同時(そったく)」という言葉に引き付けて言えば、これまで、皆さんがまさに殻を破ろうとして努力しているのに、先生や指導者がそれに気付かなかった、また、まだ皆さんが十分に準備出来ていないのに、先生や指導者が無理に殻を破ってしまって、皆さんを萎えさせてしまった、つまり皆さんの努力・営為と先生・指導者の働きかけが、同時ではなかった、噛み合わなかっただけのことなのです。

本学の前身である横浜専門学校は、夜間・2部の教育を特色としていました。創立者の米田吉盛先生は、優秀な教授陣を招聘し、夜間・2部の学生に、他の大学や専門学校に、また昼間部・1部の学生にひけをとらない教育を展開し、これに応えた学生の努力ともあいまって、有為な学生を数多く社会に送り出してきました。

「啐啄同時(そったく)」、本学の教職員は皆さんが内からまさに殻を破ろうと努

力している姿を見逃がすことはありません。それを瞬時に見抜き、同時に外から殻を破る適切な働きかけをして、見事に雛をかえす、皆様方を大きく飛躍させる、そうした情熱と能力に長けた教職員をたくさん擁しております。高校時代までの実力や成績とは桁違いの力を学生に付与すること、「約束します、成長力——成長支援第一主義——」これが神奈川大学に脈々と受け継がれてきた伝統なのです。

　本学はこうした伝統を今日において一層発展させるために、皆さん方の努力を経済的に支援し、支える奨学金、創立者にちなんで「米田吉盛教育奨学金」と名付けた制度を今年度から実施します。これは全て給付型の奨学金で、総額5億円、これまでの額の約1.5倍、人数にして約2倍の1500人を対象にするものです。どうか皆さん、「自分自身を見限らないで下さい」、「高校時代の〈成績・実力〉が皆さんの生涯を左右するのではなく、大学に入ってからの4年間の過ごし方が、皆さんの生涯を左右するのだ」、「20歳前後の若者は無限の可能性を持つ」、このことを信じて、大きな夢・目標を持ち、教職員とともに充実した4年間を過ごされることを心より願っております。

　最後に、皆さん方学生一人ひとりのご多幸と、ご列席のご家族の皆様のご健勝を祈念いたしまして、式辞といたします。

2010年4月3日

Chapter 8
新しい価値観の創出を
──東日本大震災のなかで

2011年3月 卒業生に贈る言葉

　皆さんご卒業おめでとうございます。
　各学部を卒業した皆さんには学士、大学院博士前期課程を修了した皆さんには修士、博士後期課程を修了した皆さんには博士の学位が授与されました。さらに専門職学位課程（法科大学院）を修了し法務博士の学位を授与された方もおられます。また、大学院の課程終了とは別に、本学大学院に論文を提出して博士の学位を授与された方もおられます。私は、皆さん方が長年の努力の結果、こうした学位を取得されたことに対して、心よりお慶び申し上げます。

　また、長年にわたり皆さんを守り育ててこられましたご家族の皆様、これまでいろいろなご労苦もあったことかと思いますが、今日ここに皆様のご子息、ご息女がめでたく学位を取得されて卒業されることに対して、心よりお祝い申しあげます。
　本年は、本当に残念ながらご家族を含めて一堂に会して晴れやかな卒業式を挙行することは出来ませんでしたが、いうまでもなく、皆さんが長年の努力の結果としてそれぞれの学位を取得した意義はいささかも変わるものではありませんし、私共の皆さんに対する祝意も同様でございます。

　さて、つい2週間前、3月11日に発生いたしました東日本大震災は死者・行方不明者が2万5千人を超す（3月24日現在）という戦後・1945年以降の自然災害としては最大の、そして津波だけの被害として

は明治以降、最大の被害をもたらしました。またこの地震・津波に伴い発生した東京電力福島第1原子力発電所に係わる事故も依然として予断を許さない状況が続いています。被災された方々、また避難を余儀なくされている方々に、神奈川大学の全教職員・学生を代表して心よりお見舞い申し上げます。とくに不幸にも亡くなられた方々には心から哀悼の意を表しますとともに、残された方々の1日も早い立ち直りをお祈り申し上げます。

本学においても皆さん方を含めて、津波などの甚大な被害を蒙った地域に住んでいる在校生は300人にものぼっています。地震発生以来安否確認に全力をあげていますが、いまだ安否の確認できていない方も数人おられます。また、家が倒壊したり流されたりしたという報告が10数件、家族が行方不明・連絡がとれないという報告も10件ほどあがってきております。また避難所などに身を寄せているという報告が50件ほどございます。

今後とも、安否確認の完璧を期すると共に、避難先などに身を寄せている学生にたいして、本学の寮などに一時受け入れる用意があることを伝えていますし、また新年度4月からの被災学生へのさまざまな生活支援・修学支援についても特別な措置を取り、万全を期したいと考えております。また避難所・被災地へのボランティアの派遣についても着々と体制を整えつつあります。

さて、地震発生から2週間たち、ようやく津波による被災地にも不十分ながら物資が届き始め、また僅かながら復興の動きも報道されるようになりました。しかし、それとともに、これまで判らなかった死者・行方不明者が判明しはじめ、毎日千人単位で増えてきております。そしてなによりも、あの震災直後の黒々とした津波が街をなめつくし、破壊し尽くす映像は私たちの記憶に鮮明に残っています。また、福島

Chapter 8　新しい価値観の創出を

　第1原発の事故も依然として予断を許さない状況が続いています。原発の各号機の建屋が、爆発によって無残に折れ曲がった鉄骨をむき出しにしている様は、まるであの広島の原爆ドームやチェルノブイリ原発を想起させます。さらに、この一両日は野菜や牛乳などの食料品や飲料水等の放射能による汚染、それに伴う出荷制限、摂取制限も行われるようになりました。

　こうして皆さん方は、これからの前途に言い知れぬ不安を抱かれていると思います。しかし、冷静に振りかえってみますと、この不安感は3月11日の東日本大震災によって突如もたらされたものでしょうか。確かに、今回の震災によって新たにもたらされた不安感は大きなものがあるかと思いますが、しかし、その多くは実は皆さんが3月11日以前からもっていた不安感と無関係ではない、共通なものがあるように思います。

　2008年秋のリーマンショック以降の世界的不況、とりわけ日本の経済的不況の中で、大学生の就職状況は超氷河期といわれるほど深刻な状況です。政府の発表によりますと、2月11日現在の就職内定率は77.4％で2年連続過去最低を記録したとあります。しかし、この数字は、抽出調査であるために、必ずしも実態を正確に反映しているものとは言えず、実態はこれよりも10数％低いということが言われています。本学もまだ最終的な確定は出来ておりませんが、3月末段階で就職や大学院進学など進路が確定している人は全卒業生の70数％になるのではないかと推定しております。その意味では全国の状況よりも良い状況、昨年の本学と比較しても同じぐらいということですので、厳しい状況の中では健闘しているといってもいい状況ですが、それにしても卒業生の20数％、1000余名の方が、進路が決定しないまま卒業されるという厳しい状況は変わりません（この中には、留学や教員試験、公務員試験等を準備している学生も含まれている）。また、たとえ就

職できたとしても3年以内に離職する率は近年、全国的にも3割にも上るとも言われています。

　昨年、私は卒業式において次のようなことを述べました。
「皆さん方の現在の不安は、確かに直接的には一昨年のアメリカの金融危機に端を発したものですが、大きくは近代社会、日本で言えば明治維新以来、百数十年の間に造られた様々な仕組みがいま、地球規模で大きく転換を迫られているというところから来ているものです。政治・経済・文化あらゆる側面においてこれまで当たり前だと思われていたこと、常識とされていたことが大きく壊れつつあります。その時代や分野において支配的規範となる物の見方や思想、社会全体の価値観などが劇的に革命的に変化することをパラダイムの転換（パラダイムチェンジ）ともいいますが、今、世界規模で、地球規模でこのパラダイムの転換ともいうべきことが進行しているのです。例えば、近代の資本主義制度のもとでは大量生産・大量消費が善とされてきましたが、今は、地球環境や人間にかかる負荷を極力抑え、持続可能な（サステナブル）社会への転換が求められています。また、これまで人間を優先して、自然を開発・開拓してきましたが、これからは自然と調和した暮らしが求められていきます」

「このようにこれまで当たり前のことのように行われてきたことが、今、大きく転換を迫られているということです。今までの常識や規範に頼る事は出来ない、しかしまた今までの常識や規範に代わる新しい常識・規範も生まれていない。何が正しいのか、何が良いのか、自分で判断しなくてはならないということです。今、皆さん方が漠然として感じている不安感の根源はここにあるのです」

　たしかに、今回の未曾有の自然災害、津波を含む震災そのものは100年に一度の偶然的な自然災害かも知れません。しかし、私は、そ

れに目を奪われて、こうした不安の根元、危機の根元を見失ってはならないと考えています。

　例えば、今回の震災を契機に東京電力管内では「計画停電」、「輪番停電」ということが行われています。そこで私たちが改めて気づいたのは、都市部を中心に、私たちが昼と夜の区別が付かないような生活をいかにあたり前のように送ってきたかということです。また屋内では平気で暖房を利かせ、冬場にもかかわらず上着を脱いで仕事や生活をしてきたかということです。私たちはそうした「快適さ」を追求するために、あまりにも安易に電力を消費してきたのではないでしょうか。また、その電力をまかなうためにあまりにも安易に原子力発電に頼ってきたのではないでしょうか。私たちがこれまで何の疑いもなく求めてきた、この「快適さ」の質が今問い直されているのではないでしょうか。

　また、先日、NHKテレビの「クローズアップ現代」をたまたま見る機会がございました。いわゆる「非婚の時代」の結婚斡旋業のことが話題になっていましたが、今日多くの未婚の女性が、相手の男性に求める1番の条件は、高収入、すなわち自分（女性）が働かなくても暮らしが出来るということだそうです。その背景には女性の労働環境の厳しさ、子育てしながら働き続ける環境の未整備という背景があるのですが、女性（妻）が働かなくても暮らしが出来るという条件を満たす男性は極めて一部に限られており、しかもその限られた一部の男性でさえ将来は保証されていない、したがって未婚の女性がそれに固執する限り「非婚の時代」は終わらないだろうということでした。そしてまた、これからの日本の社会は男が働き、稼いで、女性が家事・育児をするという従来の価値観を転換し、男性も女性も働きながら共に家庭にも責任を持つという新しい価値観を定着させなければ、またそれが出来るような環境を整備しなければ、家庭も会社も、社会も成り立っていかないだろうということでした。私も、こうした意見に同

意するものです。

　本学の大学資料編纂室に調べてもらいましたが、神奈川大学83年の歴史の中で、卒業式が中止になったのは、敗戦直後、横浜専門学校時代の1945年の9月卒業式（当時は9月卒業）の1回だけであるということです。今回の中止で、皆さん方はその2回目の卒業生になったわけです。戦争中、とりわけ敗戦1年前の1944年のいわば「非常時」にあっても卒業式が行われていたということは、いかに卒業式というものが大学にとって大事な行事であったかを改めて示すものであり、それだけに今回卒業式を行い得なかったことは誠に痛恨の極みです。

　しかし、ここで私が強調したいのは、その敗戦直後、卒業式を行えなかった皆さん方の先輩たちが先頭に立って、戦前の日本社会とは異なる、戦後の平和・民主主義という新しい価値観を苦闘しながら築き上げて、今日の日本の「豊かな」社会を築き上げてきたということです。そして、今日、その先輩達が築き上げてきた戦後の価値観、社会が多くの矛盾・軋みをみせている今、是非、皆さんが、神奈川大学の歴史の中で2回目の卒業式を行い得なかった皆さんが、先輩達が築き上げてきた戦後の古い価値観、社会に代る、新しい価値観、新しい社会をつくりあげるために、奮闘してほしいということです。

　皆さん方のご健勝とご多幸を心より祈念して、卒業・修了にあたっての贈る言葉といたします。

2011年3月25日

Chapter 9
若者は無限の可能性を持つ
―― 「人間力」の育成を

2011年4月 新入生の皆さんへ

　神奈川大学に入学された皆さん、また、神奈川大学大学院に入学された皆さん、ご入学おめでとうございます。私は神奈川大学の全ての教職員を代表して、新入生の皆さんを心から歓迎いたします。また、ご家族の皆様にも、心よりお慶びを申し上げます。

　本年は、本当に残念ながらご家族を含めて一堂に会した、晴れやかな入学式を挙行することは出来ませんでした。しかし、いうまでもないことでございますが、私共の皆さんに対する祝意はいささかも変わるものではありません。

　さて、つい3週間前、3月11日の金曜日に発生いたしました東日本大震災は死者・行方不明者が2万8千人を超え（3月28日現在）、戦後・1945年以降の自然災害としては最大の、そして津波だけの被害としては明治以降、最大の被害をもたらしました。またこの地震・津波に伴い発生した東京電力福島第1原子力発電所に係わる事故は依然として予断を許さない状況が続いていますが、現在の段階でも、原子力発電所にまつわる事故としてはアメリカのスリーマイル島の事故（1979年）を越えて、旧ソ連時代のチェルノブイリの事故（1986年）につぐ世界で2番目のレベルに達しています。人類史上初めて原子爆弾の投下によって被害を受けた私たち日本国民は「HIROSHIMA」（ヒロシマ）、「NAGASAKI」（ナガサキ）の横文字で世界に核廃絶を訴えて来ましたが、その日本国民が、今回、原発の事故に係わり「FUKUSHIMA」（フクシマ）という横文字で世界の人々に記憶され

語られていくことに、何とも言えないやるせなさを感じております。

　被災された方々、また避難を余儀なくされている方々に、神奈川大学の全教職員・学生を代表して心よりお見舞い申し上げます。とくに不幸にも亡くなられた方々には心から哀悼の意を表しますとともに、残された方々の1日も早い立ち直りをお祈り申し上げます。また、被災地や避難場所で、そして福島第1原発で、不眠不休で本当に献身的に活動されている全ての関係者の皆様に心より感謝と敬意の念を表するると共に、衷心より連帯の意を表したいと思います。

　本学においても新入生の皆さん方を含めて、津波の被害など甚大な被害を蒙った地域を実家としている在校生は数百人にものぼっています。地震発生以来、本学の教職員は在校生の安否確認に全力をあげてきました。幸い今のところ学生さん本人が亡くなられたということはございませんが、まだどうしても確認がとれない方が数人おられます。これはたんなる物理的な理由で連絡がとれていないだけであるということを心より願っております。家族が亡くなられたり行方不明であるという報告も10数件ございます。また、家屋の被害も全壊20数軒、半壊や一部損壊を含めると300軒にものぼっています。本学は今後とも、最後まで安否確認に全力をあげるとともに、理事会（伊藤文保理事長）を先頭にして被災学生の支援に全力をあげて対処します。

　まず、「東日本大震災学生支援室」を臨時に立ち上げ、被災学生のカルテともいうべきものをつくり、個別にきめの細かい支援が出来るようにします。経済的支援については、これまでの「緊急支援学費減免制度」に加え、時限的に「東日本大震災罹災学生等への経済的支援」を行い、学費の免除や家賃補助、生活支援などを幅広く行います。また、修学支援についても、すぐに登校して授業を受けることのできない学生に対しては、授業担当教員が十分に個別の対応をとって、万

全を期する体制をとりました。この修学支援についてはこの度の大震災・原発事故で帰国せざるを得なかった留学生も対象に含まれます。また、この他ボランティア活動については、石積副学長※をトップとする「東日本大震災に係るボランティア支援チーム」を編成し、人的、物的支援の両面にわたって、体系的な支援活動を展開します。また募金活動についても、学内募金箱の設置や振込口座を開設し、教職員、卒業生、ご父母の義援金申し出に対応します。

　さて、本学は1928（昭和3）年、米田吉盛先生によって横浜学院として創立され、翌1929（昭和4）年には、旧制専門学校令による横浜専門学校となりました。この横浜専門学校が、第2次世界大戦後の1949（昭和24）年に新制大学としての神奈川大学となり今日に至っています。「質実剛健・積極進取・中正堅実」の3つを建学の精神として、83年の歴史を歩んでおります。

　卒業生数は約19万人、この19万人という数は、今日、国公私立大学、全部で約780校ありますが、その中で14番目に多い大学です。また、今は別に会社の社長さんや役員になる事だけが人生の目的ではありませんが、東洋経済新報社の『役員四季報（上場企業版）』2011年度によりますと、上場企業や店頭企業の社長の数では780校中、42番目、役員の数では32番目と、これも高い位置を占めています。国立大学だけでも86校、公立大学だけでも95校ある中での32番、42番目という数字ですから凄いことだと思っています。皆さん方の先輩は全国津々浦々で、いや世界中で活躍されているのです。

　具体例を1、2紹介しておきますと、今、この地震・津波・原発事故という3つの難題に挑戦している、おそらく今、世界で最もお忙しく、また最も困難な事態に立ち向かっておられる方は、福島県の佐藤雄平知事だと思います。この方は今、毎日テレビで拝見することが出

来ますが、佐藤知事は実は本学の経済学部の卒業生です。また、映画「フラガール」(2006年)で日本アカデミー賞5冠を達成し、昨年はモントリオール世界映画祭に出品、さらにキネマ旬報2010年度ベストワンに輝いた『悪人』で注目を集めた、在日コリアンの映画監督・李相日(り　さんいる)さんも本学経済学部の卒業生です。

　このように、本学は昭和戦前期に創立された大学としてはトップレベルの堂々たる総合大学として存在しています。皆様方はこのような神奈川大学に入学してきたことを、誇りに思って下さい。そして、充実した大学生活を送ってほしいと思っています。

　最後に皆さん方に、2つだけ付け加えさせていただきたいことがございます。私は4年前に学長に就任して以来、入学して来た学生さんたちに、事あるごとに、「自分自身を見限らないで下さい」、「高校時代の〈成績・実力〉が皆さんの生涯を左右するのではなく、大学に入ってからの4年間の過ごし方が、皆さんの生涯を左右するのだ」、「教職員の情熱的な教育と皆さん方の努力が嚙み合い、火花を散らし、スパークしたとき、皆さんは皆さん自身が気づいていない、驚くような才能が開花し、成長を遂げることが出来るんだ」、「20歳前後の若者は無限の可能性を持つ」、ということを繰り返し言い続けてきました。

　ひょっとして、皆さんの中には、「自分は小さい時からいろいろ努力をしたけれど、結局うまくいかなかったのだよなぁ」とか、あるいは、「まあまあ自分の力はこんなものだよなぁ」と思っている人がいるとすれば、私は違うと言いたいのです。

　これも少し具体例を挙げておきましょう。昨年度からこれまでの本学の学生支援、とりわけ経済的支援を大きく発展させようということで「米田吉盛教育奨学金」制度が動き出しましたが、この中の目玉の一つに大学院給費生制度というものがございます。これまで、給費生制度というのは1933年以来、学部の学生を対象に、本学の伝統として

行われてきました。また2004年に発足しました法科大学院にもこの制度を設けていました。今回これを一般の大学院にまで拡大したものです。直接の狙いは、本学における教員の内、本学出身の教員比率をもっと高めようという意図からつくられたものです。

　昨年度5名の方が選ばれましたが、そのうちの1人、理系の大学院生は、工業高校から指定校推薦で入学してきた学生さんで、この方は入学してきた時には自分が大学の教員・研究者になるなぞとは思ってもいなかったそうです。しかし、本学に入ってきて、ある教授の授業を受けている中で、研究することの面白さ、研究者になることの意義を痛感、一念発起して研究者になることを心に決め、学部を優秀な成績で卒業、そして見事、大学院給費生に採用されたのです。

　もう1例紹介しましょう。昨年11月に行われた高松宮杯第45回全日本スペイン語コンクール（独協大学主催）で見事準優勝、NHK賞を受賞された経営学部の女子学生がおります。この方は外国語学部スペイン語学科の学生ではありませんでしたが、経営学部の国際コミュニケーションコースでスペイン語及びスペイン関係のゼミナールに所属して、スペイン語及びスペイン文化について学ぶとともに、国際交流フェスタや南米少年野球チームのボランティア通訳などをするなどしてスペイン語の力を付け、見事他の大学のスペイン語関係の学生を押しのけて栄冠を勝ち取ったのです。
　高校までの成績や実力が皆さん方の将来を決めるのではなく、大学に入ってからの皆さん方の努力と教職員の熱心な教育活動によって、皆さん方はまだまだ大きく変わること、「化ける」ことができるということです。

　私が訴えたいもう1つのことは、皆さんがゼミナール・卒業研究に入ったり、部活やサークルに入ったり、また様々な自主的な活動の団

体に入って、ぜひ多くの学生の交わりの中で学生生活を送って欲しいということです。いま、文部科学省は大学に対して、学生が単に専門の学芸を身につけるだけではなく、コミュニケーション能力や問題発見・解決能力、さらにはリーダーシップや対人関係力などを身につけることのできる教育を求めています。「学士力」や「人間力」、あるいは「社会人基礎力」といわれているものです。また、今日厳しい就職状況にありますが、今日の社会はそういう力を身につけた人材を求めています。ただ単にこつこつと1人で勉強をしたり、資格をとって成績が良いというだけの学生は決して求められていません。

　なぜか。それはグローバリゼーションが進行する中で、また、いろんな意味で従来の価値観が崩壊（パラダイムチェンジ）する中で、そこで生き延びていくためには、肉体的にも精神的にもたくましく、柔軟で、創造性豊かな人材、しかも交渉力をもった人材が必要だからです。このような力は単に講義を聴いたりするだけの座学では絶対に身につかない力なのです。他の同学年の学生、年下の学生、また先輩などとの多くの学生との交わり、そしてそこでの協働の行動によって達成感を味わったり、また逆に、いさかいや意見の衝突、挫折や失敗などを体験する中で初めて身に付くものです。

　どうぞ皆さん、出来ればゼミナール・卒業研究と、もう1つ体育会系・文化系の部活やサークルや様々な自主的な団体に入って学生生活を送って欲しいと思っています。本学には学園祭を企画する団体、オープンキャンパスを支援する団体、ボランティア活動を推進する団体、平和や非核を求める団体、地球環境の保全や障害者との共生を推進する団体、食育を考える団体など、従来の部活動とは一味違う様々な学生の自主的団体が数多く活動しています。

　学校法人神奈川大学は2008年に20年後の100周年を見据えた「将来

構想」を策定、2010年にはそれを確実に実行すべく「中期実行計画」を定めました。また、2011年には「中長期のキャンパス整備計画」、そしてそうしたものを経済的に裏付ける「中長期財政計画」を策定しました（伊藤文保理事長）。17年後の100周年には本学は日本の大学の中で、今より一層魅力ある、そして名誉ある地位を占めたいと考えております。どうか、皆さん1人1人が上に述べたような2つの点を頭に入れて、充実した学生生活を送られますことを、そして、そのことを通じて、皆さん自身が17年後の100周年に向けての本学の発展を目指す運動の担い手になってくれることを望んでいます。

　また、それだけではなく、今回の震災の大きさ、また福島第1原発のことを考えますと、これからの日本の社会の再建は、5年、10年いや20年という長期にわたるものと覚悟しなければなりません。もともとこの震災が起こる前から、日本社会はさまざまなひずみを抱え長期にわたる停滞を続けておりました。この震災を機に、復興と共に、それ以前のひずみや停滞をも併せて解決するのだ、明るい希望のある日本社会を根本から新しく創って行くのだという前向きの気概をもって、学生生活を送られることを期待しています。

　全ての新入生の皆さんのご健勝、ご家族の皆様のご多幸を心より祈念いたしまして、新入生を迎えるお祝いの挨拶といたします。

2011年4月4日

※石積勝副学長は2013年4月より新学長に就任しています。

Chapter 10
応援指導部の箱根駅伝
―― 他者への共感を

2012年3月 卒業式 式辞

　皆さん本日は誠におめでとうございます。

　ただいま、各学部を卒業した皆さんには学士、大学院博士前期課程を修了した皆さんには修士、博士後期課程を修了した皆さんには博士の学位がそれぞれ授与されました。さらに専門職学位課程（法科大学院）を修了し法務博士の学位を授与された方もおられます。また、大学院の課程終了とは別に、本学大学院に論文を提出して博士の学位を授与された方もおられます。私は、皆さん方が長年の努力の結果、こうした学位を取得され、本日、ここに晴れて卒業式・学位授与式を迎えられました事に対して、心よりお慶び申し上げます。

　また、本日は、長年にわたり皆さんを守り育ててこられましたご家族の皆様にも大勢ご列席いただいております。私は神奈川大学の全ての教職員を代表して、ご家族の皆様のこれまでの御労苦に感謝申しあげると共に、また心よりお祝い申し上げます。

　昨年は3.11東日本大震災並びにそれに伴う東京電力福島第1原子力発電所の事故の影響で、3月25日に予定しておりました卒業式を中止せざるを得ませんでした。大震災の復興は1年たっても未だという状況でございます。私たちはそうした被災地の方々に思いを寄せながらも、とにもかくにも、こうして卒業式を挙行できるようになったことを共に喜びたいと思います。

Chapter 10 応援指導部の箱根駅伝

　さて、皆さんは本学を巣立ち、明日から社会人としての歩みを始めます。本来ならばこの卒業式には希望で胸を膨らませ、わくわくした思いで出席をするものですが、今年は卒業の喜びを感じながらも、どこか大きな不安を抱えているのではないでしょうか。

　いや、「今年は」と言いましたが、この数年私は同じようなことを言っているような気がします。2008年秋のリーマンショックに始まる世界同時不況は2010年には底を打った感がありましたが、2011年には東日本大震災やタイの洪水の影響を受け、またヨーロッパの金融危機やアメリカ経済の不振を受けて円高や株安が急激に進み、日本の経済は深刻な苦境に陥っています。この間、2010年にはGDPで中国に追い抜かれアメリカに次ぐ第2位の経済大国としての地位を失いました。つい最近でこそ株価も1万円台を回復し、為替レートも84円台になりましたが、まだまだ先行きが見えない状況です。

　政治的にも2009年9月の自由民主党から民主党への政権交代をはさむこの5年間に、なんと6人の首相が登場しました。また、外交的にも近隣の中国、韓国、ロシアとは領土や歴史問題に見られる緊張関係、不信の関係が続いていますし、特に北朝鮮については核やミサイル、「拉致問題」で大きな「脅威」が報じられております。

　いや、別にこうした大状況をみるまでもなく、皆さんは身近なところで「不安」を感じておられることと思います。つい最近発表された内閣府の数値によりますと、一昨年2010年春に大学・専門学校を卒業した人のうち、最初から就職できなかったり、就職しても離職して、現在無職かアルバイトなど安定した職業についていない人は40万人に上り、全体の52％、なんと2人に1人にあたるということです。これは、一昨年の卒業生の話ですが、昨年もそして本年も基本的には変わらない状況だと推測しています。

私は、こうした、不安や、閉塞感が蔓延する中で、精神的なバランスを維持するために「うっぷん晴らし政治」「付和雷同型政治」「劇場型政治」といったものがじわじわと台頭しはじめているのではないかと危惧をしております。政治家が身近な判りやすい「敵」を作り、レッテルを貼り、それに対する憎悪をあおり、感情的に罵倒することによって、一挙に国民の支持を獲得する、吸引力を得るというやり方です。目の前のことだけに目を奪われ、あるいは自分のことだけに目を奪われ、極めて短絡的に、反射的に、選挙や世論調査やインターネットに反応する、そして、その結果としての政治の混乱を面白がる風潮の蔓延です。

　しかし、皆様方が今感じている不安感や閉塞感は、確かに直接的には2008年のアメリカの金融危機に端を発したものですが、大きくは近代社会、日本で言えば明治維新以来百数十年の間に造られた様々な仕組みが、いま地球規模・世界的規模で、アメリカでも、ヨーロッパでも大きく転換を迫られているというところから来ているものです。だから、短絡的、感情的反応によって解決する性格のものではありません。またそもそも民主主義とは時間や手間暇のかかる、熟慮のシステムです。また、民主主義とは「苦しみや」「痛み」「リスク」を国や社会だけのせいにせず、自らも引き受けるシステムです。自分は引き受けないでただ批判するだけのシステムではありません。また、民主主義とは異なる存在を認め、それを許容するシステムです。敵を造り、感情的に罵倒し、排除しようとするシステムではありません。

　このような状況の中で、今日ほど、本学の建学の精神、「質実剛健」「積極進取」「中正堅実」という精神が求められている時はないように思います。本学の創立者である米田吉盛先生が本学の前身である横浜学院、横浜専門学校を創立した時期1920年代後半から1930年代初頭の時期は、今日と非常に良く似通っていました。単純なアナロジーは避

けなければなりませんが、1927年の金融恐慌、そして1929年のアメリカのウォール街から始まった世界恐慌、こうした経済的不景気の中で「大学は出たけれど」と学生の就職難は深刻なものでした。他方、政治の状況はどうかと言えば、1925年の普通選挙法の成立により、国民の大きな期待を担って始まった政党政治も、政友会と民政党の２大政党が党利党略の政治、国民の暮らしとはかけ離れた政治を行っていました。このような動きの中で国民の不満を吸い上げ強権的な政治を推し進めたのが軍部であり、また大陸進出の道でした。こうした道が、その後、日本をどのような方向に陥れたのか贅言する必要のない事です。

こうした中で米田先生は付和雷同しない、じっくりと腰を落ち着け、しっかりと大局を見据え、着実に改革し、新しい時代を切り開く事のできる人材の養成を願って、「質実剛健」「積極進取」「中正堅実」を建学の精神に持つ本学を創立したのです。

さて、建学の精神には、多くのエートス・倫理性が含まれていますが、その中で私は今日最も大事なこと、もっとも核心的なものは、「自分の事だけ、自分の幸せだけを考えない」、「他人への思いやり、他者への共感を持つこと」だと考えております。

その点で、本学が昨年の震災以来、「被災地と心を一つに」を合言葉に、１年間にわたって「東北ボランティア駅伝」と称して岩手県遠野市を拠点とするボランティア活動を、それこそ宮沢賢治の「雨ニモ負ケズ、風ニモ負ケズ」のごとく、冬の時期は雪が積もり、零下20度近くまで下がる厳しい時も、いつも１チーム20人近くの学生が襷を繋ぐように活動を続け、参加者がこの３月で84チーム合計1300名にも達しましたことを、心より誇りに思っています。ボランティアの世界では活動した日数を掛けて延べ人数で表しますので、それで行くと5000名余となります。今日、出席されている４年生の皆様の中にも就職活動や卒論・卒研執筆の忙しいなか、50名余、延べ200名の方が参加し

てくれました。「被災地と心を一つに」を合言葉に取り組まれたこの東北ボランティア駅伝は、まさに「自分の事だけ、自分の幸せだけを考えない」、「他人への思いやり、他者への共感を持つこと」の実践に他なりません。

　この、他人への思いやりという点で、もう1つ紹介しておきたいと思います。正月の箱根駅伝、ここに出席している選手諸君を含めよく頑張りましたが、残念ながら今年も15位の壁は破れませんでした。その箱根駅伝の応援の話です。箱根駅伝では各校の応援団が大手町読売新聞社前と箱根芦ノ湖畔の道路で、それぞれスタート、ゴールの1時間前より応援合戦を始めますが、正月2日、箱根駅伝1日目・往路のゴール地点、芦ノ湖畔の応援での出来事です。本学の応援は応援指導部と管弦楽団を中心に在校生・卒業生有志によって構成されています。今年の往路、皆さん思い出して下さい。今年も「山の神」東洋大学の柏原君が2位以下を5分ほど引き離して駆け抜けて行きました。その後は次々にそう途切れることなく、各大学の選手が私たちの目の前を駆け抜けゴールして行きました。本学も15番目で通り過ぎました。さあ、これで、1日目、往路の応援は終わったと、みな幟(のぼり)をたたんで帰り支度を始めました。

　その時です、応援指導部のリーダー田原君が大声で叫びました、「まだ東京農大がゴールしていません。最後まで応援して下さい」。その声を聴いて皆ハッとして、帰り支度をやめました。あと、どれぐらいかかるのか…、間もなく20数分遅れというのがわかりました。午後の陽射しがあるとはいえ、芦ノ湖畔は湖から吹いてくる風で寒いのです。自校の応援が終われば、一刻も早く室内に入りたいところです。しかし、チアリーダーの女子学生たちが「東農大ガンバレー」「津野君ガンバレー」と声を張り上げ始めました。私たちもそれに釣られて声を出しました。20数分遅れということですから、まだ津野君は山を

Chapter 10 応援指導部の箱根駅伝

登りきっておらず、はるか山の向こうを苦しみながら走っているはずです。その津野君に声が届けとばかり、20数分間声を張りあげ続けました。そして、ようやく、津野君がよろけるような足取りで私たちの前を通り過ぎました。私たちは大きな声、大きな拍手で見送りました。私は学生達のこのような行動を大変嬉しく思い、学長として、こうした学生に育ってくれた事を誇りに思いました。

数日後、神奈川大学に女性の方からある1通のメールが届きました。「突然のメール失礼いたします。箱根駅伝お疲れ様でした。そして感動有難うございました。私は現地の芦ノ湖で観戦していました。今回は異例の大波乱の展開で、東京農大がトップと大幅な遅れをとっていました。各校順調にゴールして応援団は撤収してしまいました。しかし、東京農大が到着しないのにもかかわらず、周りの学校は帰ってしまいました。全校到着するのを見届けるのが当たり前だし、これこそスポーツマンシップだと思います。ところが神奈川大学のチアリーダーの皆様を始めとする応援団の方が、まだ見えない東農大の選手を一生懸命応援している姿に凄く感動しました。スポーツマンシップの原点を見させていただきました。私は神奈川大学が好きになりました。是非皆様にお伝え下さい。神奈川大学の益々のご活躍をお祈り申しあげます。」

東北ボランティア駅伝や箱根駅伝での応援団の振舞いで見られた、「自分の事だけ、自分の幸せだけを考えない」、「他人への思いやり、他者への共感を持つこと」、このことは発展して、異質なものへの寛容な心へと繋がっていきます。先に、私が今日の心配な世情として見た、敵を作り、それに対する憎悪を募らせ、そして排除していくのとは全く反対の方向です。そうした行為は、短期的には鬱憤を晴らせて、ストレスを解消させて満足感を得られますが、しかしこの手法はいつか回りまわって、自分に降りかかってくる、自分が排除の対象になっ

てくるものです。それに対して他者への共感、他者への思いやりの気持ちは、東北ボランティア駅伝に参加した学生の多くが、被災者からの感謝の言葉を受けて自分の生きがいや、自分に対する自信を持ち帰ったように、また応援団の振舞が他者から賞賛をいただいたように、自分にプラスの方向で帰って来るものです。

　今、日本の社会は、大変不安な、そして閉塞感に満ちた状況にあります。ついつい感情的に、短絡的に振舞う衝動にかられることがあるかと思いますが、ここは神奈川大学の卒業生として、米田先生の建学の精神である「質実剛健」「積極進取」「中正堅実」を思い起こし、またとくに「自分の事だけ、自分の幸せだけを考えない」、「他人への思いやり、他者への共感を持つこと」を忘れず、新しい時代と自らの幸福を築いていって欲しいと思っています。
　このことを申しあげまして、私の式辞・餞の言葉といたします。

　最後になりましたが、今日ここにご出席の卒業生の皆さん一人ひとりのご健勝を、また、ご家族の皆様のご多幸を心より祈念いたします。

　本日はご卒業おめでとうございます。

2012年3月25日

Chapter 11

Oさんのこと
―― 「3・11」から1年

2012年4月 入学式 式辞

　神奈川大学に入学された皆さん、また、神奈川大学大学院に入学された皆さん、ご入学おめでとうございます。私は神奈川大学の全ての教職員を代表して、新入生の皆さんを心から歓迎致します。また、今日ここにご列席いただきました、ご家族の皆様にも、心よりお慶びを申し上げます。

　昨年は3・11東日本大震災並びにそれに伴う東京電力福島第1原子力発電所の事故の影響で、4月2日に予定しておりました入学式を中止せざるを得ませんでした。大震災の復興は1年たっても、尚、未だという状況でございます。私たちはそうした被災地の方々に思いを寄せながらも、とにもかくにも、こうして入学式を挙行できるようになったことを共に喜びたいと思います。

　さて、昨年の3・11東日本大震災とそれに伴う原子力発電所の事故は世界に大きな衝撃を与えました。確かに今回の地震や津波の犠牲者の数、死者・行方不明者1万9千人余という数字（2012年3月10日現在）は、言うまでもなく1人1人の命はかけがえのないものであるということを前提にした話ですが、2010年のハイチ地震の死者31万6千人などに較べれば、決して突出した数字ではありません。しかし、それにもかかわらず、今回の地震・津波あるいは原発事故が世界に大きな衝撃を与えたのは、世界の中で最も科学技術を発展させ、ハイテク国家日本と称され、防災設備についても、ハード・ソフトの両面にお

いて、万全の準備がとられていたと見られていた、日本で生じた被害だからです。

　人類が近代以降に築いてきた、科学技術の発展によって自然を克服できるという信念が見事に覆されたのです。そういった意味において、3・11の出来事は人間は自然とどう向きあうべきか、あるいは人間は科学技術とどう関わるべきかについて、世界史的に、人類史的に大きな問題提起をし、文明史的転換をもたらすものになったのです。

　さて、このような時代の区切りとなる今回の大震災に際し、本学は昨年4月より「東北ボランティア駅伝」というものを開始しました。そのきっかけは、あれだけ悲惨な状況を見て、何かお手伝いしたい、自分達は何もしなくて良いのだろうかという思いや、1日も早く東北地方を復興させたいと言う気持ちからでした。とくにこの気持ちは本学の卒業生が地方自治体の首長として日夜苦戦・奮闘している姿を見聞きすることによって増幅されていきました。地震、津波、原発それにいわゆる「風評被害」と「四重苦」の中で奮闘している佐藤雄平福島県知事は、毎日のようにテレビでお顔を拝見することができますが、本学の経済学部の出身です。また、市町村レベルで死者・行方不明者、倒壊家屋など被害が最も大きかったのは宮城県石巻市ですが、亀山紘石巻市長は本学の工学部の出身です。また、宮古市、釜石市、陸前高田市など岩手県の太平洋沿岸の被災地の救援基地・中継拠点として大きな役割を果したのは岩手県遠野市ですが、本田敏秋遠野市長は本学の法学部の出身です。政治的主張はそれぞれ意見があるところだと思いますが、とにもかくにも被災住民のもっとも身近なところで、本学の卒業生が日夜奮闘している姿には心を打たれました。

　また、東北ボランティア駅伝に取り組んだ教育的な意味は、これから数十年にわたり、文明史的転換をもたらした出来事として、世界で語り継がれるであろうこの「3・11」、あるいは「福島第1」(FUKUSHIMA

Chapter 11　Oさんのこと

DAIICHI）を、世界の若者と同じようにインターネットやビデオで間接的に見て済ませるのではなく、日本の若者は自分の目で直接見、自分の耳で直接被災者の声を聴き、自分の肌・顔で被災地を流れる風を感じてきてほしい、それがこれから世界に伍して生きていく日本の若者の責務であると考えたからでした。

　3泊4日の日程で岩手県遠野市を拠点として、夏の暑い日も冬の寒い日も、今年の冬、寒いときは零下20度近くまで下がりましたが、ゼミ単位、クラブ・サークル単位で、あるいは個人がグループを作って20人前後のユニットをつくり、駅伝で襷(たすき)を繋ぐように途切れることなく、1年間で80数隊、約1300人、延べにしますと約5000人に上る学生・教職員が活動を行いました。
　活動内容は時の経過と共に変化していきましたが、救援物資の分別と配布、全国から寄せられた図書の分別整理、津波で水を被ってしまった大槌町の役場文書の修復、家や道路の瓦礫の処理、あるいは避難所や仮設住宅で孤独を抱えるお年寄り達に足湯を行い話を聞く傾聴活動などです。

　そして、参加した学生さんたちは、インターネットやテレビで被災地の状況は何度も見ていたが、自分の目で見たものはそれらと全く違っていたと口々に語っています。また、今の学生さんたち、なかなか自分がこの世に存在する意味を掴みきれていない人たちが多いのですが、ひどい被害を蒙った被災者から逆に「本当にありがとう」と感謝の言葉をいただいたり、現地の市民から激励の言葉をいただいて、「ああ、自分も役に立っているのだ」、「自分も生きている意味はあるんだ」、「自分も社会の一員なんだ」と自信を貰って帰って来ています。さらに、大学生活をしっかり送らねばと、大学で学ぶ意味をはっきり掴んで帰ったり、ボランティアに参加した学生さんは行く前とは違った意欲で大学生活を送るようになっています。

この東北ボランティア駅伝は本年度も引き続いて行います。この被災地支援、ボランティア活動が、東北の復興、そして日本の復興に緊急性を持っているという事と、今、述べたように学生の成長に大きく繋がっている、すなわち学生の教育支援の一環であるという位置づけのもとに、本学はその経費を大学で負担すると共に、ボランティアに参加している間の授業の欠席にも特別に配慮を行っております。3・11から1年たち、ボランティアの必要性はなくなっていないのにもかかわらず、全国的にはその数は急速に減少しています。新入生の多くの皆様が是非、この活動に参加されることを期待しています。

　私は、学長に就任して以来、本学の創立者である米田吉盛先生の「質実剛健」「積極進取」「中正堅実」という建学の精神を、今の大学生に伝える言葉として、次のような言葉を繰り返し、繰り返し語ってきました。
　「自分自身を見限らないで下さい」、「高校時代の〈実力〉が皆さんの生涯を左右するのではなく、大学に入ってからの4年間の過ごし方が、皆さんの生涯を左右するのだ」、「大学4年間の教職員の情熱的な教育と皆さん方の努力がうまく噛み合い、火花を散らしたとき、スパークをした時、皆さん自身が気づいていなかった才能や能力や世界が大きく開かれる可能性がある」、すなわち「20歳前後の若者は無限の可能性を持つ」ということです。

　大学は、近年、学生の皆さんに対する教育の質の充実に全力をあげていますが、この教育の質の中で、学生がそれぞれの学部・学科の専門の知識や技能を身に付けることと共に、コミュニケーション能力やリーダーシップ、問題発見能力や問題解決能力といった、いわゆる「人間力」というものを身につけることを重視しています。このために、教室内で行われる講義やゼミナールの充実、すなわち正課授業の充実とともに、正課外の活動、クラブ活動やサークル活動、さらには

Chapter 11 Oさんのこと

ボランティア活動やインターンシップ、あるいは海外留学など大学の外に出ての学びを重視しています。また、大学はそれらを支援するための様々な仕組みを用意しています。先ほどの「東北ボランティア駅伝」に対する支援もその一環です。皆さん方もぜひ体育系や文化系のクラブやサークルに入ったり、ボランティア活動などに参加して、他学部他学科の学生とまた学年の違う学生と、場合によっては卒業生との交流を積み重ねて下さい。そしてその事を通じて時には諍いを経験し、時には真剣に悩み、時には目標を達成した感動を共に味わう等の体験を通じて、「人間力」というものを身につけて欲しいと思っています。またできるだけ早い内に、インターンシップや語学研修や海外留学を体験し、大学での学びの意味を掴んで欲しいと思っています。

　以上述べてきたことを、ある1人の学生さんの成長を例にとって話をしたいと思います。今から10年前、2002年に皆さんと同じように本学に入学してきた女子学生がいました。皆さんと同じようにこの会場に出席していました。名前は仮にOさんと呼ばせていただきます。経営学部国際経営学科に入学してきた学生さんです。しかし、Oさんは世間でいうところのいわゆる「不本意入学」の学生さんでした。国連で働きたいという希望を持って志望の大学を受けましたが、そこを落ちて本学に入ってきたのです。国連で働きたいという夢を持ちながらも英語が苦手、不得意の学生さんでした。従って本学に入学してきた時には、その夢も曖昧なものになっていました。しかし、Oさんのその夢を焚き付け、再び火をつけた教員がいました。今日、この壇上に座っている石積副学長です。Oさんは石積先生のもとで学部、大学院（修士課程）で研鑽を積むと共に、本学経営学部と学術交流に関する協定を結んでいる、カナダのビクトリア大学に最初はSA・短期の語学研修生として、後には一年間の交換留学生として、英語の研鑽を積み、昨年3月同大学大学院アジア太平洋研究科の修士課程を卒業、そして9月にはブリティッシュ・コロンビア大学の博士課程に進学、3

年間の授業料免除、生活費分の奨学金を受け勉学に励んでいます。

　先ほど、自分を見限らないで下さい、高校段階の実力で自分の将来を決めないで下さいと言いましたが、このOさんが良い例です。英語の不得意な彼女がブリティッシュ・コロンビア大学というカナダの大学の中でも名門中の名門、おそらくOさんが本学ではなく、第1志望の大学に入学していても、なかなか入れなかったであろうカナダの名門大学の博士課程で勉強をし、国連職員になりたいという夢の実現に向って頑張っているのです。本学には高校時代の実力とは桁違いの実力を付けさせることの出来る教職員とそのための仕組みを数多く持っています。皆さんもこのOさんの例に倣って、この4年間良き教員、職員、先輩、友人に出会い、本学の学生支援の良きシステムを活用し、大きな夢を持ち、その夢の実現のために頑張って欲しいと願っております。

　最後に、このOさんのお母さん※の話も付け加えさせて下さい。これは石積先生と同じ経営学部に属し、昨年定年退職された松岡紀雄名誉教授からお聞きした話です。昨年3月11日の東日本大震災直後のことです。世界のメディアがそうであったように、カナダのメディアも、福島原発の事故も重なって、日本全土が壊滅の危機にあるかのような報道をしました。カナダにいたOさんもいたたまれない思いから、お母さんに「すぐカナダに逃げてきて！」と伝えました。しかし、お母さんは毅然としていたということです。お母さんは横浜市内のある区の防災関係の仕事に携わっていたということもありますが、「横浜市民の最後の1人が安全な生活を確保できるまで、私はここから動かない。だから、横浜でも、もしも何かあって、私の身に万一の事があったら、あなたが覚悟を決めなさい」と言われたそうです。「40年近く、いつもそういう覚悟を母は持っていたわけで、正直、娘としては複雑な気持ちでしたが、母の生き方はいつも尊敬してきました」とOさん

は語っています。

　私たちは、あの３・11大震災の直後、巨大な津波が押し寄せる中、最後まで住民に避難を呼びかけるマイクを離さなかった宮城県南三陸町の女子職員・遠藤未希さん、そして「しっかり頑張ったね、でも何も命を張ってまで…」といたわりと無念さに揺れるその母親の姿。このような類の話をたくさん見聞きしておりましたが、そしてこれらは海外から賞賛をいただいた、日本人の態様ですが、身近なところにもそういう方がおられたという事です。

　皆さん、今、日本は政治的にも経済的にも、社会的にも多くの問題を抱え、閉塞状況に陥っています。また若者をとりまく環境も就職問題など厳しいものがありますが、どうかOさんのように、大学で良き指導者に出会い、大学の支援の仕組みを積極的に活用し、自分の夢に向ってまい進して欲しいと思っています。そして、将来はOさんのお母さんのように「凛」とした大人、「凛」とした人間になって欲しいと願っています。

　最後になりましたが、皆さん方一人ひとりのご多幸と、ご列席のご家族の皆様のご健勝を祈念いたしまして、式辞といたします。

　　　　　　　　　　　　　　　　　　　　　　2012年4月3日

※後でわかった事ですが、実はこのお母さんも、そしてお父さんも本学の卒業生であったということです。二重三重の誇りです。

Chapter 12

尖閣・竹島・北方領土
――世界の諸国民との友好を

2013年3月 卒業式 式辞

　皆さん本日は誠におめでとうございます。
　ただいま、各学部を卒業した皆さんには学士、大学院博士前期課程を修了した皆さんには修士、博士後期課程を修了した皆さんには博士の学位がそれぞれ授与されました。さらに専門職学位課程（法科大学院）を修了し法務博士の学位を授与された方もおられます。また、大学院の課程終了とは別に、本学大学院に論文を提出して博士の学位を授与された方もおられます。私は、皆さん方が長年の努力の結果、こうした学位を取得され、本日、ここに晴れて卒業式・学位授与式を迎えられました事に対して、心よりお慶び申し上げます。

　また、本日は、長年にわたり皆さんを守り育ててこられましたご家族の皆様にも大勢ご列席いただいております。私は神奈川大学の全ての教職員を代表して、ご家族の皆様のこれまでのご労苦に感謝申しあげると共に、また心よりお祝い申し上げます。

　さて、皆さんは明日から本学を巣立ち、社会人としての歩みを始めます。本来ならば、この卒業式には、希望で胸を膨らませ、わくわくした思いで出席をするものですが、今年は卒業の喜びを感じながらも、どこか大きな不安を抱えている方も多いのではないでしょうか。

　いや、「今年は」と言いましたが、この数年、私は同じようなことを言っているような気がします。2008年秋のリーマンショックに始ま

Chapter 12 尖閣・竹島・北方領土

る世界同時不況は、2010年には底を打った感がありましたが、2011年には国内では東日本大震災を経験し、世界的にはヨーロッパの金融危機やアメリカ経済の不振を受けて、日本の経済は深刻な苦境に陥っています。この間、2010年にはGDPで中国に追い抜かれ、アメリカに次ぐ第2位の経済大国としての地位を失いました。最近でこそ政権交代、安倍晋三内閣の発足により、株価も1万2千円台を回復し、為替相場も96円台になるなど、明るい雰囲気が漂うようになりましたが、これとて、まだ先行きが見えない状況です。

　今日、ご出席の皆さんの中にも、まだ就職が決まらないまま卒業される方もおられます。学長として皆さん方の努力を実らせることができなかったことを、申し訳なく思い、心を痛めております。大学といたしましても、4月以降も皆さん方、卒業生のための専用のブースを就職課内に設け、皆さん方の就職活動を強力に支援して行くつもりです。

　さて、このような厳しい環境の中、卒業されていく皆さんに、一言、餞(はなむけ)の言葉を贈りたいと思います。
　皆さんの不安感、将来の危惧感の中に、現在の近隣のアジア諸国との緊張関係があるのではないかと思います。私も今、近隣諸国がお互いに憎悪の感情を募らせていることを大変心配しています。尖閣諸島を巡る日中間の緊張、竹島を巡る日韓間の緊張、北方領土をめぐる日露の緊張、核実験やミサイル発射、「拉致問題」をめぐる北朝鮮との緊張関係です。日本人殺せ、中国人殺せ、朝鮮人殺せと行った過激な言葉（ヘイト・スピーチ）がそれぞれの国のインターネットを駆け巡り、デモのプラカードに掲げられるようになりました。こうした人々は極めて一部の人だと思いますが、より心配なのは相手国に対して軍事力の強化を含む強硬な外交姿勢を求める声がそれぞれの国に広がってきていることです。

本学は法人・教学・事務局が一体となって、国際化の推進に努めていますが、その一環として、4年前から、学長自ら大学の事務局幹部とともに、夏休みを利用して外国の協定校を中心とする大学を訪問・視察する旅を実施しています。こうしたこともあって本学の国際化はこの数年急速に進み、アフリカ大陸を除くすべての大陸の大学50校近くと協定が結ばれ、交換留学生も年々急増し、来年度には40名近くの交換留学生が本学に来る予定です。

　北米、ヨーロッパに続いて昨年度は東南アジア・中国の旅に出ましたが、その時期はちょうど香港の活動家達が尖閣諸島に上陸し、それに対抗して日本の地方議員達がまた尖閣諸島に上陸するなど、日中の緊張感が高まっていた時期でしたので、大学関係者の中には心配して、中国の訪問はとりやめた方が良いのではという意見がありました。あるいは中国の清華大学では私の「アジア太平洋戦争をめぐる日本人の戦争観」と題する講演を予定していましたが、歴史問題等微妙な問題にも触れるので、その講演は取りやめた方が良いのでは、という意見もあったほどです。

　ところが、ベトナムのハノイでの出来事です。ベトナム国家大学ハノイとの学術交流協定の調印を無事に終え、ホテルの喫煙所でタバコを吸っていると（恥ずかしい話ですが）1人のいかにも好青年風の若者が身振りでタバコの火を貸して下さいとやってきました。そして、私が日本人であるとわかるといきなり、「日本には大変お世話になりました」と流暢な日本語で、深々と身体を折り曲げて私にお辞儀をしました。私は面食らって、どういうことですかと尋ねると、自分は上海出身の中国人だが、かつて日本で数年間商社に勤め、そこで日本の方には大変お世話になったというのです。今は、ベトナムで薬・漢方薬の売り込みに来ているのだというのです。そして、別れる時、彼はもう一度、同じように深々と頭をさげ、お礼を言って去っていきまし

た。先ほどの大学関係者の心配が本当だとすると、日本人の私が中国人から文句の一つでも言われても不思議ではない状況だったと思いますが、それと逆の態度をとられたので面食らってしまったのです。その後、ベトナムから中国に入り7つの大学を訪問しましたが、大学の中では勿論ですが、街の中でも一度もいやな思いをしたことはなく、むしろ私達に対して極めて友好的であったということです。清華大学での講演も、夏季休暇中にもかかわらず一般市民を含めて100人近くの聴衆が集まり、長時間の質疑を含めて、極めて学術的、友好的な雰囲気で終わる事ができました。

　その後、私達が帰国してすぐ、9月15日、16日には中国での反日デモが一層過激化し、破壊活動を伴うようになり、日中間の緊張は最高潮に達しました。こうした中で私は、後学期から来る予定の中国からの交換留学生は本当に本学に来てくれるのだろうかと心配しておりましたが、1人も欠けることなく7人全員が来てくれました。しかし、現在、神奈川大学には交換留学生を含めて、約250人の留学生がおり、そのほとんどが中国からの留学生です。今日のこの場にも数十人の中国からの留学生がおられると思いますが、その留学生達が、学内でまた学外で、いろいろ不愉快な思いをさせられているのではないかと心配になっていました。ところが、たしか10月の中旬だったと思いますが、中国の北京大学、復旦大学からきた3人の女子交換留学生と話す機会がありまして、その折、大学や町の中で不愉快な思いはしていませんかと聞くと、彼女達からは異口同音に「全くありません」「日本人は皆、親切で優しいです」という答えが返ってきました。私はホッとするとともに大変嬉しい気持ちになりました。正直、1万8千人近い学生がいれば、何人かの本学学生が留学生に対して不愉快な思いをさせても不思議ではないと思っていたからです。本学の学生に誇りを感じた次第です。

この2つのエピソードは、中国でも日本でも、当たり前のことですが、それぞれ相手国を好ましく思っている人が、少なからずいるということです。この点で、今年の3月で半年間の交換留学が終わり帰国する予定だった北京大学の大学院生、清華大学の学部学生の2人の方が、特別に留学期間の延長を申し出てきて、本学でもう半年間学ぶ事になったのも、とても嬉しいことでした。当たり前のことですが、緊張、対立関係にある両国だからこそ、私達が、お互いに相手国を訪れ相手国の人々と直接に触れ合う事の大事さを示していると思います。

　中国では、急速な経済発展の中で取り残された人々が多数出現しています。日本においてもバブル崩壊後の新自由主義的な経済政策のもとで、分厚くあった中間層というものが解体され、大量の下層世帯、貧困世帯が出現しています。こうした人々は家庭や地域や職場で自分の居場所を見つけることが出来ず、それだけに、唯一、中国人であるとか、日本人であるとか、あるいはそれぞれの国家のみに、自分の居場所をかける状態が生まれています。そしてこの状態は韓国でも同様ですが、反日や反中あるいは嫌韓感情の温床になっているのです。また、それぞれの政府も自らの経済政策の付けが、自分達の方に向けられるのを避けるために、結果としてか、意識的にかは別にして、自国のそうした国民感情を利用している向きがあるように思いますし、またマスコミもそれを増幅しているように思います。

　現実的保守主義者として知られる、前防衛大学校の校長、五百旗頭真氏は昨年、朝日新聞紙上（2012年11月27日付）で次のようなことをおっしゃっていました。「日本人はジリ貧におちいるとそれに耐えることが出来ないで、一足飛びにドカ貧の方に行ってしまう」と。どういうことかといいますと、戦前の1930年代初頭の時期はまさに、今日と非常に良く似通っていました。単純なアナロジーは避けなければなりませんが、世界的な恐慌の中で、「大学は出たけれど」と学生の就

職先はない、農村では子女の身売りが盛んに行われるようになります。他方、政治の方は、国民の大きな期待を担って始まった政党政治も政友会と民政党の二大政党が党利党略の政治を行い、国民の暮らしはそっちのけでお互いの足を引っ張り合っている。こうした中で国民の不満を吸い上げ強権的な政治を推し進めたのが軍部であり、また大陸進出の道でした。当時のマスコミ、新聞・ラジオもこの大陸進出の道をあおり、国民を熱狂させ、新聞の部数を一挙に増やし、ラジオの受信数も一挙に増やしていったのです。こうした道が、その後、日本をどのような方向に陥れたのか贅言(ぜいげん)する必要のない事です。「ジリ貧に耐えかねて一足飛びにドカ貧の方に行ってしまう」というのはこのことを言っているのです。

　今日の核を始めとする兵器の恐るべき進歩は、もうどの国も一方的に無傷で軍事的に相手を屈服させることはできない、お互いに大きな犠牲を伴うものであり、軍事的に対抗するなどこそ凡そ、非現実的な道であるということは、冷静に考えれば分かることであると思います。もし、うまく行くとすれば、粘り強い外交交渉によってしか解決できないこと、ジリ貧にしっかり耐えて新しい道を模索するより他ない事は明らかだと思います。勇ましい言葉にあおられてドカ貧に陥ってはならないという事です。

　もともと私達日本人は先の大戦の深刻な反省から、自国中心主義を排し、世界の諸国民と友好を保つ、平和主義の理念を点(とも)して来ました。もう1つ新聞記事を紹介させて下さい。読売新聞の記事です(2013年3月17日付)。太平洋戦争末期、1945年2月10日、米軍の爆撃機B29、2機が群馬県邑楽(おうら)の町に墜落し、搭乗員23人が死亡したが、その慰霊碑を地元の人が建てることになったということです。日本の都市を絨緞(じゅうたん)爆撃で焼き尽くし、また原爆を投下したあのB29です。数年前その写真が公開されたのを契機に地元の人々は「家族の最期は誰

だって知りたいはずだ」と米国の遺族を探しだして、遺族との交流が始まりました。さらに、地元住民は「アメリカ人も戦争の犠牲者。遠くの遺族はなかなか来られないだろうから、私達でまつろう」と町内のお寺の境内の一角に慰霊碑を建立し除幕式を20日に行う、という記事です。碑の建立を知った米軍横田基地の広報部は「日本以外の国で、敵の兵士を敬い、慰霊する行事はないだろう。日本人の高い品格と日米の絆を表すもの」とコメントをしていました。

　後半の「日米の絆云々」は米軍のコメントだから当然として、私が注目したいのは、敵兵の慰霊を行う国は日本以外にないということ、そしてそれは日本人の高い品格を示すものであるというコメントです。今日、こうした品格は国内では、甘ちょろい平和ボケの考え方だと批判の的(まと)になっていますが、私はそうは思いません。日本が世界から尊敬する国になれるかどうかは、他の国々と同じように軍事的な大国になるかどうかではなく、実はこの日本人の「高い品格」とされるものこそが鍵を握っていると思っています。米軍の広報部が思わずぽろっともらした、日本人の「高い品格」といわれるもの、私達日本人はあまり気付いていませんが、世界の人々は知っているものなのです。その意味で、私はこの「高い品格」というものを忘れてはならない、大事にしたいと思っています。

　アジアの近隣諸国との緊張関係は今後もなお、続くと思いますが、皆さん方がお互いの国において相手国を好ましく思っている人は少なからずいるという事に確信を持ち、またそうした人々を増やすためにも、お互いの国民どうしの直接的な交流を深めることに努力すること。さらに「ジリ貧からドカ貧」に一足飛びに行ってしまう事を警戒し、そのためにも、政府やマスコミの言動を批判的に捉え返す力を身に付けること、また日本人だけがもつと言われる「高い品格」を大事にして、今日から始まる新しい社会生活を送って欲しいと願っています。

Chapter 12　尖閣・竹島・北方領土

　このことを申しあげまして、私の式辞・餞(はなむけ)の言葉とさせていただきます。

　最後になりましたが、今日ここにご出席の卒業生・修了生の皆さん一人ひとりのご健勝を、また、ご家族の皆様のご多幸を心より祈念いたします。

　本日はご卒業、誠におめでとうございます。

2013年3月19日

Epilogue
おわりに

　自分で言うのも何であるが、幸いなことに式が終了した後、多くの教職員、父母、学生から直接にまたメールで、良かったですよ、感動しました、有難うございました等、お褒めの言葉をいただいていた。また、式辞はその都度、本学のホームページに全文掲載されるが、それを読んだ卒業生、在校生の父母からも同様のメールを数多くいただいた。毎年、式辞を読むのを楽しみにしているという卒業生も何人かおられる。

　ただ、それだけであれば、わざわざ、こうして一つの冊子にするまでの事はない。私が式辞を冊子にしたいと思うようになったのは以下のような事情があった。

　昔と異なって、今多くの大学が、在校生の父母を対象とした父母懇談会を開催しているが、本学も例外ではない。いや、本学では早くから、創立者の米田吉盛先生が、学長として地方の父母懇談会を開催し、自らの教育理念について直接、父母に熱く語っていた。

　近年はこの父母懇談会は、在校生の父母の団体である神奈川大学後援会（前鈴木正太郎会長、現西脇幸二会長）が主催して、毎年、横浜キャンパス、湘南ひらつかキャンパスで大規模な父母懇談会を開催、この他に各道府県毎に在校生が多い道府県は毎年、少ない府県は隔年に開催している。近年は約30箇所で開催しているが、学長に就任して以降、可能な限りこの地方で行われる父母懇談会にも出席してきた。

　この懇談会は全体会と個別相談会の二部構成になっている。全体会では学長（副学長）の挨拶のあと、学業、学生生活、就職についてそ

Epilogue おわりに

れぞれの担当部署の事務職員から詳しい説明がある。それが終了すると昼食をはさんで午後から希望父母を対象にした個別相談会が始まる。学業、学生生活、就職の三つの部門に分かれて担当部署の事務職員が個別に相談に応ずるというものである。この父母懇談会は全体会を含めて、それぞれ担当する事務職員のプロフェショナル意識と学生の成長支援への熱い思いが相まって、父母には大変好評の催しになっている。

さて、午後からの個別相談会は、一応、一件あたり15分から20分と決めているが、難しい相談となるとそうはいかない。また一学生の父母が2つ、3つの部門で相談を希望する場合もある。そういうことで、父母の皆さんは控室で順番が来るのを待っているのである。もちろん、この個別相談に対応する事務職員は各部門複数いるわけであるが、普通は1時間から1時間半、多いときは2時間、3時間も待っていなければならない場合もある。申し訳ないなと思いつつも学長になって1年目はそのままやり過ごしていたように思う。

確か、2年目からだと思うが、この貴重な待ち時間を利用して、本学の教育理念や方針を父母の方により深く理解してもらう、また父母の生の声が聴ける貴重な機会だとして始めたのが「学長と話そう会」の始まりであった。

おかげさまで、この企画はあたり、年々、これを楽しみにする父母が増えてきて、個別相談が終わっても帰らずに残る父母や個別相談はないのに帰らずにこの会に参加する父母が増えてきた。中には、私の話を是非聞かせたいと「主人を連れて来ました」という母親も現れるようになった。

さて、前置きが長くなったが、本冊子を出版したいと思ったのは、この「学長と話そう会」で、何人かの父母から、「学長が今日してくれたような話を子供（学生）にもしてくれているのですか」という質問を受けたからである。たしかに、学長の話をぜひ聞かせたいと、日曜日や夏休み中に行われる父母懇談会には子供（学生）を連れてくる

父母もいた。

　私は学長在任中、現場主義をモットーとしていたので、可能な限り学生と直接接することに努めていた。昼の食事は10号館の学生食堂でとり、そこで学生たちと交流する機会を持てた。また、夜も教職員との懇談より、圧倒的に学生たち、サークルやクラブ、ボランティア活動等のメンバー、また留学生や学長室に相談に来た学生達と食事をしながらの懇談（もちろん私のポケトマネーである）した回数の方が多かった。しかし、そこではもっぱら学生たちの話を聞くのが中心で、私の方から大上段に本学の理念を語ることは少なかったように思う。

　これが、本書を出版したいと考えた直接的な理由である。勿論、「学長と話そう会」での私の話は記録にも残らないざっくばらんな話、本音を語れる場であり、式辞のように公式の話とは異なる。それでも、父母の皆さんから言われた子供（学生）にも是非話してくださいという要望には違った形ではあるが、少しは応えることが出来るのではないかということである。

　しかし、以上述べたようなことは、私の独り善がりかもしれない。だいたい好意的な意見は届きやすいが、批判的な意見はなかなか直接には届いてこないものである。そこで、客観的に評価してもらう為に、文芸評論家でもある、小林事務局長に、12編の式辞を渡して読んでもらった。ご多忙にも関わらず、氏は丁寧に読んで下さり、この企画に賛同いただいただけではなく、自ら編集をされ、式辞の一編一編の副題まで付けていただいた。さらに、過分な推薦の言葉までいただいた。小林孝吉氏には厚く感謝する次第である。

　以上が本書出版の経緯である。いま、こうして６年間の式辞を纏まって読み返してみると、本書は、その時々の内外の動き、またそれに対応する大学の対応など、この６年間の大学の記録としての性格を持っているように思う。しかし、本書は単に過ぎ去った過去の記録という事ではなく、何よりもこれからの新入生を含めた本学の学生が、大学生活を送るうえで、何らかの意味を持つことができれば、望外の幸

Epilogue お わ り に

せである。また、在校生の父母、卒業生の皆さんには、本学の教育理念や方針をご理解していただける一助となれば幸いである。

　尚、式辞を本書に収録するにあたり、語句を改めたり、必要な説明を追加したりした部分もあるが、それらは最低限にとどめた。また、式辞のそれぞれに主題、副題を新たに付け加えた。

　また、本書に収録されているイラストは、著名なイラストレーター・漫画家で、本学外国語学部特任教授のわたせ・せいぞう氏の作品である（氏と私は北九州市の県立小倉高等学校の同級生である）。この数年、本学の「明るく」「元気で」「お洒落な」イメージを高めてもらうために広報活動にも携わってもらっているが、本書が多くの学生に親しまれるために、今回これまでに大学広報で使用したものの一部を再使用させていただいた。ご承諾いただいた、わたせ氏に厚く感謝申し上げる次第である。

　最後に本書の刊行にあたり、本学広報部広報事業課長の石崎亜里氏、御茶の水書房の小堺章夫氏には大変お世話になった。記して謝意を表する次第である。

若者のもつ可能性の水脈
　——編集にたずさわって

　　　　　　　　　　　　　　　　　　　　小林　孝吉

　中島三千男前学長は、学長として最後の入学式で、2012年度入学する「みなとみらい」の巨大な会場をうめつくした数千人の学生たちを前に、東日本大震災、本学の被災地支援である東北ボランティア駅伝にふれたあと、そのとき5年間の思いをこめてこう語りかけた。

　　私は、学長に就任して以来、米田吉盛先生の「質実剛健」「積極進取」「中正堅実」という建学の精神を、今の大学生に伝える言葉として、次のような言葉を繰り返し、繰り返し語ってきました。／「自分自身を見限らないで下さい」、「高校時代の〈実力〉が皆さんの生涯を左右するのではなく、大学に入ってからの4年間の過ごし方が、皆さんの生涯を左右する」、「大学4年間の教職員の情熱的な教育と皆さん方の努力がうまく噛み合い、火花を散らしたとき、スパークをした時、皆さん自身が気づいていなかった才能や能力や世界が大きく開かれる可能性がある」、すなわち「20歳前後の若者は無限の可能性を持つ」ということです。（2012年4月3日）

　私はこのたび、一度は華やかな会場のなかで聴いた6年間の式辞をすべて読み直し、サブタイトルなどをつけさせていただく編集にたずさわって、これらの式辞の底を流れる、若者のもつ可能性の水脈に触発されるとともに、あらためて日本近代の先駆的な宗教者・内村鑑三の若き日のことを想った。

若者のもつ可能性の水脈

　彼は明治維新の7年前に高崎藩の武士の子として生まれ、儒教的教育のもとで育てられ、17歳のときに札幌農学校の2期生として入学する。新渡戸稲造も学ぶ、「ボーイズ・ビー・アンビシャス」で有名なクラークの影響の残るこの農学校で、彼の一生を左右するキリスト教と出会う。卒業後は、札幌県の官吏として漁業の調査などに従事するが、すぐにそれを辞し、大きな苦悩をかかえたまま渡米する。
　アメリカでは、エルウィンの知的障がい者の施設で看護人として働き、やがてアマスト大学の選科生となり、そこでシーリー総長と出会い、決定的な「回心」を体験する。それによって内村鑑三は、二つの「J」（JesusとJapan）のもとに、近代国家、社会の草創期の明治、大正、昭和の初期まで、生涯一伝道者として生きることになる。彼は魂の悲嘆をかかえる人に聖書の言葉を伝え、日露戦争には非戦論を唱え、「キリスト愛国」の精神で諸国民との融和と宇宙の完成をめざし70歳の人生を閉じるのである。
　そんな内村鑑三が30代のはじめに、明治27年の夏、箱根で行われた講演記録『後世への最大遺物』という、いまも読み継がれている著書がある。ここでは、「後世」に残す「最大遺物」とは、「金」や「事業」、「思想」よりも、一人の人が与えられた職業を「天職」として生き死する、その一「生涯」であると青年たちに向かって語っている。この講演は、どれほど多くの若者の生き方に影響を与えたことだろう。
　若き内村鑑三が、まだ開拓期の北海道の自然のなかで、はじめてキリスト教と出会い、南北戦争後まだ20年ほどのアメリカへと渡った青年期、それは何と苦難と可能性に満ちていたことだろう。まさに、20代前後の若者は、人生の入口でさまざまな苦しみと向き合いつつも、それに比する無限の可能性をもっているのだ。
　そのことを本学へ入学する学生、巣立つ学生たちへと、学長として繰り返し語りつづけてきた、そのエッセンスと結晶、それが本書であろう。学長としての2期6年間、2万数千人の学生たちが入学し、学び、悩み、人を愛し、そして卒業し、この文明史的な困難をかかえた

グローバル世界へと羽ばたいていったのである。

　本書『若者は無限の可能性を持つ——学長から学生へのメッセージ 2007—2012年度』は、2007年度入学式の「私のコンプレックス——20歳前後という特別な時期」、卒業式の「オーイ水道屋」「コラァ設備屋」——天職として一隅を照らす」などからはじまり、横浜開港150周年、創立者・米田吉盛先生と小柴昌俊先生のこと、山岳部OBと学生による世界のセブン・サミッツ完登という快挙、殻を破る共同作業、東日本大震災と原発事故、東北ボランティア駅伝、日本社会のパラダイム・チェンジ、箱根駅伝と応援指導部、「3・11」から1年後、そして最後は日本と中国・韓国・ロシアをめぐる「尖閣・竹島・北方領土——世界の諸国民との友好を」と、全部で12の式辞で構成されている。ここには、いっかんして若者のもつ「可能性」の水脈が流れているのだ。

　本書をひもとき、その可能性の水脈をたどり直すとき、直接中島前学長の式辞を会場で聴かなかった、これから本学で学生生活を送る「後世」の若者たちの心と生き方に、その言葉と希望の水音が届くのではないだろうか。——わずか18年間で自分を見限らないでください、すべてのみなさんに自分でも気づかない才能、能力、世界が開かれる可能性があるのです、と。

　最後の式辞は、2013年3月の卒業式。日本近現代史を専門とする中島前学長は、日本とアジア諸国との領土問題をめぐる社会の緊張感のなかで、前年のアジア協定校への訪問、中国清華大学での日本人の戦争観をめぐる講演、体験したエピソードなどについて述べたあと、その式辞を次のようにしめくくっている。

　　アジアの近隣諸国との緊張関係は今後もなお、続くと思いますが、皆さん方がお互いの国において相手国を好ましく思っている人は少なからずいるという事に確信を持ち、またそうした人々を増やすためにも、お互いの国民どうしの直接的な交流を深めるこ

とに努力すること。さらに「ジリ貧からドカ貧」に一足飛びに行ってしまう事を警戒し、そのためにも、政府やマスコミの言動を批判的に捉え返す力を身に付けること、また日本人だけがもつと言われる「高い品格」を大事にして、今日から始まる新しい社会生活を送って欲しいと願っています。(2013年3月19日)

　この式辞は、この日に本学を卒業した学生たちばかりではなく、日本社会とその未来をになう若者と、アジアからの留学生、さらには戦争の記憶の刻まれたアジアの諸国民への友好のメッセージではないだろうか。中島前学長の6年間の入学式と卒業式の式辞を、このようにまとめることができたことを、私は一編集者としてうれしく思うとともに、本学で学ぶ若者たちが一人でも多く本書を手にとり、自らの内深くにひめられた無限の可能性の水脈に、ときに静かに耳を澄ますことを期待している。

　　　　　　　　　　　　　　　　　　　　　　　　（事務局長）

　　　　　　　　　　　　　　　　　　　　　　　2013年6月1日

著者紹介

中島三千男（なかじま　みちお）

1944年福岡県生まれ
京都大学大学院文学研究科国史学専攻博士課程単位取得後退学
専門：日本近現代思想史
1976年奈良大学文学部専任講師、1980年神奈川大学外国語学部助教授、1988年神奈川大学日本常民文化研究所所員、1992年神奈川大学外国語学部教授、1993年神奈川大学大学院歴史民俗資料学研究科教授、後、外国語学部長、学校法人神奈川大学理事を歴任、2003年神奈川大学副学長、神奈川大学21世紀COE拠点形成委員会委員長を経て2007年神奈川大学学長、神奈川大学大学院委員長に就任（〜2013年3月）。財団法人大学基準協会評議員、神奈川県私立大学連絡協議会会長、神奈川県生涯教育連絡協議会会長等を歴任。

主要著書・論文：『天皇の代替わりと国民』（青木書店、1990年）、「戦争と日本人」（『岩波講座　日本通史第20巻　現代1』、岩波書店、1995年）、『概論　日本歴史』（共編著、吉川弘文館、2000年）、「〈明治憲法体制の確立〉と国家のイデオロギー政策」（『展望日本歴史・19巻・「明治憲法体制」』、東京堂出版、2002年）、「明治天皇の大喪と帝国の形成」（『岩波講座・天皇と王権を考える・第5巻・王権と儀礼』、岩波書店、2002年）、「〈靖国〉問題に見る戦争の記憶」（『歴史学研究』大会特集別冊、2002年）、『海外神社跡地の景観変容――さまざまな現在（いま）――』（御茶の水書房、2013年）

神奈川大学入門テキストシリーズ
若者（わかもの）は無限（むげん）の可能性（かのうせい）を持（も）つ
――学長（がくちょう）から学生（がくせい）へのメッセージ　2007―2012年度

2014年2月10日　第1版第1刷発行

編　者――学校法人神奈川大学©
著　者――中島三千男
発行者――橋本盛作
発行所――株式会社御茶の水書房
　〒113-0033　東京都文京区本郷5-30-20
　電話　03-5684-0751
　Fax　03-5684-0753

印刷・製本――（株）シナノ

Printed in Japan
ISBN978-4-275-01048-3 C1037